JN100615

('24/1)

《放送大学印刷教材》

『司法・犯罪心理学 ('20)』

追　補

（第 1 刷〜第 3 刷）
No.2

【追補の趣旨】

　2022（令和 4）年 4 月 1 日に施行された少年法改正により，行為時に 18 歳，19 歳の少年は「特定少年」として，虞犯事件の適用対象外となった。

【追補の内容】

　第1章　犯罪心理学・非行臨床

● p.14　3 行目

「20 歳未満」を「18 歳未満」に修正して，以下を補足する。

【改正法】少年法第 65 条（この法律の適用関係）

第三条第一項（第三号に係る部分に限る。）の規定は，特定少年については適用しない。

● p.15　表 1-1

虞犯少年の 18 歳〜 20 歳未満の「家庭裁判所」の項を削除する。

《放送大学印刷教材》

『司法・犯罪心理学（'20）』

追　補

（第1刷～第3刷）

【追補の趣旨】

　2022（令和4）年4月1日より改正少年法が施行され，18歳から20歳未満の少年を「特定少年」として，17歳以下の少年とは区別して取り扱うことになった。

【追補の内容】

　第1章　犯罪心理学・非行臨床 3. 刑事司法と少年司法（2）少年司法　p.16～p.20 に補足する。

　少年法では，16歳以上の少年の時に故意に被害者を死亡させた場合は原則として事件を検察官送致の決定がなされる。

　それに加えて特定少年においては，18歳以上の少年の時に犯した死刑，無期又は法定刑の下限が短期1年以上の懲役もしくは禁固にあたる罪の事件（現住建造物等放火罪，強盗罪，強制性交等罪，組織的詐欺罪など）も原則として検察官送致がなされるようになった。また，特定少年が起訴された場合，実名や顔写真も含めた報道が可能になった。

司法・犯罪心理学

廣井亮一

司法・犯罪心理学（'20）

©2020　廣井亮一

装丁・ブックデザイン：畑中　猛

s-25

まえがき

　凶悪な犯罪や非行，悲惨な児童虐待，酷いいじめなどが起きるたびに，私たちはそのような悪者や悪い子には厳しい罰を下して社会から排除してしまえ，と感情的になってしまうことがある。もちろん被害者の立場からすれば，犯罪者・非行少年に対する憎しみは当然である。法治国家である私たちの社会では，罪を犯した者には裁判所がその罪に応じた罰を下す。非行少年の更生保護を目的とする少年司法といえども，けっして罪と罰は無関係ではない。法の観点から「罪と罰」についての論議を深めることは重要である。

　ただ，現代の社会風潮は，メディアによる限られた情報で，犯罪者・非行少年をあたかもモンスターのように捉えたり，彼らに対する不安感，恐怖心を煽られたりしているように思われる。たとえば，少年による重大事件が起きると，ネットに少年の実名や顔写真が書き込まれたりして，非行少年の非難で炎上する。そのようにして非行少年への怒りや恐怖心をばらまいて，ヒステリックになった自分の感情を冷ますことを繰り返している。このようなことは事件が起きるたびに，犯罪で傷ついた被害者の悲しみや憎悪を増大させているのではないだろうか。

　犯罪が私たちに恐怖心をもたらし，犯罪者は非難され排除され社会的に孤立することで，私たちはさらに犯罪者に怯え，それがさらに犯罪を誘発する要因になるという悪循環を「犯罪の環（Cycle of Crime）」という。犯罪や非行に限らず，虐待，いじめ，など加害者に関する諸問題はこの悪循環によって増幅する。私たちの社会は，まさに「憎悪の悪循環」に陥っているのである。

　司法・犯罪分野は私たちになじみの少ない分野である。裁判所は「開かれた司法」を標榜しているが，その世界は未だ閉ざされたままであるといって過言ではない。その一方で，近年のわが国では家族や学校，職

4

場での問題や紛争を法で取り込み対処しようとする動向が著しくなっている。そうした「法化社会」が急速に進むわが国において今後，法の基礎と司法の関与の仕方を理解することが求められることになるであろう。

　以上の観点から本科目では，法と心理臨床の協働＝「司法臨床」の観点から講義する。対人援助に携わる実務家などに是非とも知っておいていただきたい司法の基礎知識や法的なものの考え方も提示するが，それは単なる法律の解説のためではない。犯罪者や非行少年への法的な介入が臨床的にどのような作用を及ぼしているのかを明らかにしたうえで，法的介入による作用を対人援助活動に有効に展開させることを目的にする。

　本科目を担当する廣井亮一は，家庭裁判所調査官として少年事件と家事事件に18年間関与してきた。大学に転じてからは犯罪者の精神鑑定やストーカー犯罪者らの加害者臨床に携わってきた。そうした実践と研究の両輪でまとめたものが本書である。

　本科目は，公認心理師法における「司法・犯罪分野」の要点を踏まえて，少年事件，刑事事件，家庭紛争事件の3部で構成する。第Ⅰ部は，司法における犯罪心理学，非行臨床，いじめ問題をもとに少年事件を取り上げる（1章〜4章）。第Ⅱ部は，児童虐待，高齢者虐待，離婚と面会交流などの家庭紛争事件，さらに体罰問題など学校に関わる問題への対応を解説する（6章〜9章）。第Ⅲ部は，司法臨床の概念を提示したうえで，犯罪の4類型をもとにした，加害者臨床，ストーカー犯罪，凶悪事件の精神鑑定例，犯罪被害者への贖罪を取り上げる（10章〜14章）。また，司法における心理臨床家等の活動も紹介する（5章）。最後に現在の司法の潮流である司法臨床，治療的司法をもとに，司法・犯罪心理学の展望と課題を解説する（15章）。

　末尾であるが，本科目の担当者として私を推薦していただいた放送大学の大山泰宏先生に深く感謝を申し上げたい。

2019年11月　廣井亮一

目 次

Ⅰ部

1 ｜ 犯罪心理学・非行臨床

《目標＆ポイント》
・成人の犯罪と少年の非行の違いについて，刑事司法と少年司法の手続の流れをもとに，犯罪／非行の意味，裁判／審判の目的，当事者性，犯罪／非行の捉え方等を理解する。
・「非行少年」，「犯罪少年」，「触法少年」，「虞犯少年」の違いを理解して，それぞれの少年への関与，更生のための援助などのアプローチを理解する。
・少年非行への対応の基本的姿勢を少年法1条をもとに銘記する。
《キーワード》 刑事司法，少年司法，非行少年，犯罪少年，非行臨床，少年法1条

はじめに

　犯罪心理学とは，司法の手続に沿って言えば，①警察のプロファイリングなど犯罪捜査や取り調べに関する心理，②地方裁判所における刑事裁判での証言心理，自白心理，精神鑑定などの裁判心理，③家庭裁判所における調査や審判における少年の心理，④刑務所，少年院などにおける犯罪者と少年への矯正，更生のための臨床的アプローチ，⑤社会における犯罪・非行の予防，⑥犯罪被害者に対する心理的支援，などである。

　犯罪・非行と犯罪者・非行少年の心理臨床的観点からすれば，⑦犯罪・非行を起こすまでの心理プロセス，⑧犯罪・非行の行為の意味，⑨加害者－被害者の関係と贖罪，などについて加害者や被害者の語りをも

とにした心理学的研究である。さらに，最近の動向として，⑩薬物犯罪，性犯罪などに特化した問題解決型裁判の研究，⑪犯罪者，非行少年の更生のための治療的司法（therapeutic justice）や司法臨床（forensic clinical psychology）など加害者臨床が含まれる。

この章では，犯罪と非行を取り上げて，刑事司法と少年司法の違いを説明する。そのうえで非行臨床の基礎を詳述する。

1. 犯罪と非行

犯罪や非行に関する司法の分野は，私たちにとってなじみの少ない分野である。裁判所は「開かれた司法」を標榜しているが，その世界は未だ閉ざされたままであるといっても過言ではない。犯罪者や非行少年が司法に取り込まれると，その情報は司法によって管理される。市民はメディアによる限られた情報によって不安を抱き，犯罪者・非行少年をモンスターのように見做して，彼らに対する恐怖心と憎悪を深める。

このようにして，犯罪・非行が市民の恐怖心を引き起こし，犯罪者や非行少年は社会から厳しく非難され社会から孤立し，さらに犯罪・非行を誘発する要因になるという悪循環に陥る。犯罪や非行に限らず，虐待，いじめ，など加害者に関する諸問題はこの悪循環によって増幅していく。

犯罪心理学を学ぶにあたって，まず犯罪と非行の違いについて十分に理解しておかなければならない。（成人の）犯罪者，犯罪少年，非行少年を混同して，十把一絡げに刑罰の論議に終始することになりかねないからである。

（1）犯罪

「犯罪」（crime）とは，法によって刑罰が規定された行為であり，広義には国家に対する法益の侵害である。犯罪が法律上成立するためには次の3つの要件が必要である。構成要件該当性：行為が法律の条文に当てはまること。違法性：行為が違法であること。責任性：行為者に責任があること。責任能力がなければ心神喪失とされ，刑罰を科すことはできない。責任能力が大幅に損なわれていたならば心神耗弱とされ，刑罰は減軽される。

（2）非行

それに対して「非行」（delinquency）とは，20歳未満の少年（女子も少年という）がなした，犯罪行為，触法行為，虞犯行為をいう。非行を犯した少年には少年法が適用され，少年法1条（6節参照）に明示されているように，少年には刑罰を科すのではなく保護処分による健全育成が要請される。このことが成人の犯罪者との大きな違いである。少年の犯罪，触法，虞犯を「非行」という概念で包括することは，成人の犯罪に対する刑罰と非行少年に対する保護・健全育成との違いを明確にするために重要なことである。

2.「非行少年」とは

「犯罪者」とは成人で罪を犯した者と定義できるが，「非行少年」,「犯罪少年」,「不良少年」との違いを説明できるだろうか。私たちはそれらを混同していることが多い。

「非行少年」とは少年法3条1項からすれば，以下のように定義できる。

非行少年 {
・犯罪少年：14歳以上，20歳未満で犯罪行為をした少年
・触法少年：14歳未満で刑罰法令に触れる行為をした少年
・虞犯少年：20歳未満で将来，罪を犯し，または刑罰法令
　　　　　　に触れる行為をする虞（おそれ）がある少年
}

　すなわち，非行少年とは，犯罪少年，触法少年，虞犯少年の三者を包含した概念であり，非行少年と犯罪少年は並列する概念ではない。このように非行少年の定義を明確にすることの必要性は，ともすれば私たちは，犯罪少年を凶悪な事件を起こした少年，非行少年を軽い悪さをする不良少年，というイメージを抱きやすいからである。

　犯罪少年を14歳以上，触法少年を14歳未満と区別しているのは，刑事責任が発生する年齢を14歳以上としているからである。なぜ，14歳以上なのかについては諸学説があるが，発達心理学によれば人格が統合される年齢をおよそ14歳だとしている。したがって，人格が統合された一人の人間の行為には責任が生じるのである。

　犯罪少年には刑事責任があるため成人と同じ法律が適用され，警察の手続で逮捕や勾留も行える。そして司法のルートで更生の援助を行い，矯正教育のために少年院に送致することもできる。

　14歳未満の触法少年には刑事責任を問えないため，犯罪行為ではなく「刑罰法令に触れる行為」と表現する。たとえば，2004年に起きた小6同級生刺殺事件の11歳の加害女児に殺人罪は適用できない。その加害女児は殺人という刑罰法令に触れる行為をした触法少年として福祉のルートでケアするために，児童福祉施設である児童自立支援施設に送致された。

　虞犯少年とは，犯罪や触法行為を未だしていないけれども，将来，その虞（おそれ）がある少年をいう。虞犯少年を非行少年に取り込んでい

る理由は，たとえば家出を繰り返して，暴力団員など犯罪性のある人と交際している少年や風俗で働いている女子少年を保護するために適用することがあるからである。ただし，虞犯の認定のためには法に定められたいくつかの要件がある。

　なお，不良少年という言葉は少年法にはなく，少年警察活動規則に「不良行為少年」として，「飲酒，喫煙，深夜はいかい等を行って警察に補導された20歳未満の者」と記されている。非行防止や少年補導で用いられる警察用語である。

　以上のように，犯罪少年，触法少年，虞犯少年を「非行少年」という概念で包括することは，成人の犯罪者と区別して，非行少年に対する保護と更生の目的を明確にするために重要である。以上をまとめると表1-1のようになる。

表1-1　非行少年の概念（少年法実務講義案. 司法協会. 1994.p.33の表をもとに作成）

	14歳未満	14歳〜18歳未満	18歳〜20歳未満
犯罪少年		家庭裁判所 ⌈二次的に刑事裁判 ⇒死刑は不可 無期懲役は減軽可能⌋	家庭裁判所 ⌈二次的に刑事裁判 ⇒死刑も言渡し可能⌋
触法少年	児童相談所 （二次的に家庭裁判所）		
虞犯少年	児童相談所 （二次的に家庭裁判所）	児童相談所又は 家庭裁判所	家庭裁判所

3. 刑事司法と少年司法

　さらに，犯罪者と非行少年が司法のどの機関でそれぞれ対処されていくのかという刑事司法と少年司法の司法過程を知らなければならない。それは司法に取り込まれた後の犯罪者や非行少年を私たちが見失わずに，彼らが社会復帰をした後の援助につなげるために必要だからである。

（1）刑事司法

　刑事司法は，成人の犯罪者の事件を警察・検察による捜査を経て，検察官が起訴した事件について裁判所が受理して刑事裁判を行う。地方裁判所などにおける刑事裁判の手続は，国家の刑事罰権（検察側）と加害者の人権（弁護側）という対立的な関係図式で成り立ち，裁判官等（裁判員裁判の事件は裁判官と裁判員）が法的基準に従って罪の認定と量刑を決定する。犯罪が立証されれば，その罪に対する応報として国家が犯罪者に対して刑務所などで刑罰を科す（刑の執行猶予，保護観察付執行猶予などもある）。仮釈放後は保護観察による社会内処遇に付される（図1-1）。

（2）少年司法

　少年司法では，14歳以上20歳未満の少年の事件を警察・検察で捜査したうえですべて家庭裁判所へ送致する（「全件送致主義」という）。軽微な事件であっても全事件を家庭裁判所に送致するのは，少年の非行性が深まらないうちに保護し健全に育成するためである。そのために少年司法の要である家庭裁判所では国親的立場（パレンス・パトリエ）から，家庭裁判所調査官が非行少年を法と心理臨床の両面から捉えて調査や処遇的関与を行ったうえで，裁判官が保護観察や少年院などの処遇を

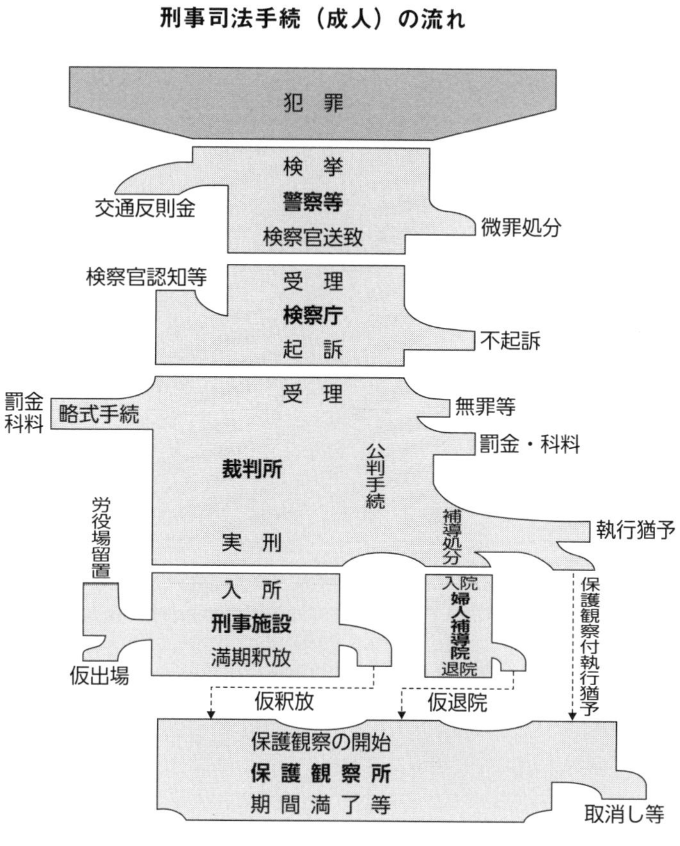

刑事司法手続（成人）の流れ

犯　罪

検　挙
警察等
交通反則金　　　　　　　　　微罪処分
検察官送致

検察官認知等　　受　理
検察庁
不起訴
起　訴

罰金　　受　理　　　無罪等
科料　略式手続　　　　　　罰金・科料
裁判所
労　　　　　公判手続
役　実　刑　　補導処分　　執行猶予
場
留　入　所　　入院　　　保
置　**刑事施設**　　**婦人補導院**　　護
満期釈放　　退院　　　観
仮出場　　　　　　　　　　察
　　　　仮釈放　　仮退院　付
　　　　　　　　　　　　　執
　　　　　　　　　　　　　行
　　　　　　　　　　　　　猶
　　　　　　　　　　　　　予

保護観察の開始
保護観察所
期間満了等　　　取消し等

図1-1　刑事司法
（平成26年版犯罪白書．刑事司法手続（成人）の流れ．）

含む適切な処分（審判不開始、不処分などもある）を決定する。

　14歳未満の触法少年は，少年司法による関与よりも福祉的なケアが必要であるとして，児童相談所に要保護児童として通告し（「児童福祉機関先議主義」という），福祉のルートで更生のための援助をする。14歳未満の児童が重大事件を起こした場合などで，児童相談所が家庭裁判所の決定を求めることが適当であると判断したときには，家庭裁判所に送致する（図1-2）。

　表1-2は，ここまで述べた刑事司法と少年司法を対比させ，犯罪／非行の意味，裁判／審判の目的，当事者性，犯罪／非行の捉え方等についてまとめたものである。

表1-2　刑事司法と少年司法 （廣井，2005を一部修正）

	刑事司法	少年司法
犯罪・非行	法益の侵害	少年の更生につなぐ契機
裁判・審判の目的	罪の立証とその罪に対する刑罰	少年の健全育成
当事者性	国家↔犯罪者	国家⇒非行少年（その保護者）
犯罪・非行の捉え方	法	法と臨床の両面
裁判・審判と処遇の場	地方裁判所，刑務所など	家庭裁判所，少年院など

　表を補足すると，「犯罪」とは広義には法益，つまり法によって保護される公私の利益の侵害である。「非行」とは少年を罰するための帰着点ではなく，保護と更生を期すための出発点であると言えよう。

　したがって既述のように，地方裁判所などにおける刑事裁判の目的と

非行少年に対する手続の流れ

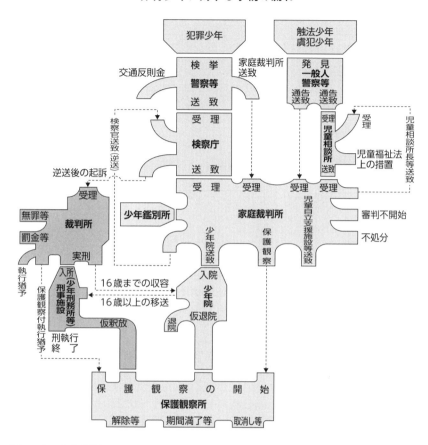

図1-2　少年司法
（平成26年版犯罪白書．非行少年に対する手続の流れ．）

当事者は，犯罪という結果について有罪か無罪を判断して，有罪であれば量刑について検察官と弁護人が争ったうえで，裁判官が刑罰を決定することである。それに対して，家庭裁判所における少年審判の目的は，未来を担う少年をどのようにすれば健全に育成することができるかについて，心理臨床的な知見を取り入れて少年の更生につなげることが目的となる。

4. 犯罪・非行理解の方法

　犯罪・非行の理解の仕方は大別して2つの方法がある。非行少年を取り上げて説明する。

　その1つが，非行などの問題行動を生じさせる要因は，非行少年に内在するという少年個人に焦点をあてた非行理解である。この方法によると，非行の原因は少年個人にあると見なされ「問題＝少年」と定義される。ともすれば非行の責任を少年個人にだけに帰して，彼らに対する非難や罰の論議に陥りやすくなる。

　もう1つが，非行少年を取り巻くさまざまな関係性に視点を移す非行理解である。この方法によれば，非行少年の問題は彼らの家族関係や友人関係など身近な関係の歪みの現れであると理解する。すると，非行などの問題解決のポイントは，たとえば少年と家族の関係の修復であるという「問題解決＝関係の修復」として再定義される。その結果，非行少年個人のみが改めるべき問題から，少年の問題解決のために家族・学校・地域社会が取り組むべき課題という援助につながりやすくなる。

　ただし，関係性の視点に転換するときに注意すべきことは，「問題＝少年個人」から「問題＝親，教師，社会」のように問題を他者に移し替えて"悪者探し"が始まりかねないことである。これでは，非行の原因

を非行少年から他者に転嫁しているだけである。たとえば，子どもの問題は母親の養育態度が原因であるという「母原病」，少年事件の凶悪化は「父権の失墜」が原因であるという考え方は，問題の原因を単に母親や父親に帰しているだけである。

　このように，非行やいじめなど司法に絡む問題を関係性の視点で理解することによって，非行少年やいじめる子どもという「加害少年」と定義された司法的位置から，家族・学校・社会から被害を受け傷ついた「援助を受けるべき少年」という臨床的位置に置き換えることができるのである。

5.　非行臨床

　ここまで述べたような非行少年への関与，更生のための援助などのアプローチを非行臨床という。すなわち，非行臨床とは，非行の発見から警察による捜査，家庭裁判所による調査と審判，保護観察所による1号観察（社会内処遇としての保護観察）及び2号観察（少年院を仮退院した後の保護観察），少年院による矯正教育など，一連の少年司法手続や関係機関における非行少年への臨床的関与を狭義の非行臨床という。そして，学校などでのいじめ防止や地域社会での子どもの問題行動に対する予防や改善を広義の非行臨床という。

　いずれにしても，非行が法や社会規範からの逸脱行為として定義される以上，その臨床的アプローチは司法と関連することになる。刑事司法と少年司法についてはすでに説明したが，非行臨床に携わる者は司法システムにおける心理臨床の特異性を理解しておかなければならない。

　少年法は刑法の特別法であることからすれば，少年司法のシステムは，100年以上続く伝統的な刑事司法のシステムを土台にして構築され

た建造物に喩えることができる。既述のように，刑法は，犯罪に対して刑罰を科すことを定めた法律であり，犯罪者に対する，応報，隔離，威嚇の側面があることは否めない。そのため，非行少年の更生を期すための少年司法にも犯罪者に対する応報や隔離を原理とする刑事司法的な色彩が及びかねない。このことが非行臨床の大きな特徴であり，その展開においてはさまざまな課題を内包している。

このように，少年司法システムにおける刑事司法的側面をあえて強調したのは，非行臨床とは特異な構造で展開される臨床的関与であることを明確に認識しておかなければ，「少年の立ち直りのため」というレトリックで懲罰的対応に陥ってしまう危険性があるからだ。

6. 少年非行への対応の基本的姿勢

非行少年に関わる基本的姿勢は，少年法1条に明記されている。

少年法1条：この法律は，①少年の健全な育成を期し，非行のある少年に対して性格の矯正及び②環境の調整に関する保護処分を行うとともに，③少年の刑事事件について特別の措置を講ずることを目的とする。（丸数字と下線は筆者）

本条文に下線を施した3点に従って説明する。

① 少年法1条の冒頭に明示されているように，まず非行少年を健全に育成することが要請されている。非行少年に罰を下せとは記されていない。あくまでも未来を担う少年の立ち直りのために，少年たちの成長発達を積極的に援助することが求められているのである。このことはすべての大人たちが理解しなければならない重要な点である。

② あえて「性格の矯正」に下線を施さず，「環境の調整」を強調した

のは，「性格の矯正」という表現には，非行の原因を少年に帰すという意味があり，ともすると少年個人の責任の追及，つまり罰の論議に陥りやすくなるからである。そうではなく，「環境の調整」を強調することで，非行は少年を取り巻く劣悪な環境（家族関係など人間関係を含む）の反映であると捉えて，その関係性の歪みの修復をすることが非行少年の更生につながりやすいからである。

③　少年の刑事事件における「特別の措置」とは，少年の事件が検察官送致（非行の重大性，悪質性，社会感情，被害者感情等から家庭裁判所で保護処分を行うことが社会的に許容されない場合などに地方裁判所に起訴すること）された場合でも，成人の犯罪者と同じように対処すればよいのではなく，あくまでも少年の更生を見据えた裁判が必要だということである。したがって必要があれば再度，少年を家庭裁判所に戻して審判をすることもできる（少年法55条）。

以上のように，少年法の理念を提示したのは，非行は法に関わる問題行動であるため，ともすれば非行少年を非難して罰の論議に陥りやすいからである。私たちは非行少年に関わるためには，まず非行という問題行動を少年たちの救助信号として捉えることが必要である。さらに，少年たちはどのような援助を求めているのかということを理解することが必要になる。

引用・参考文献

裁判所書記官研修所監修（1994）少年法実務講義案．司法協会．

廣井亮一（2005）家庭裁判所にやってくる子どものウェルビーイング．現代のエスプリ 453 pp.151-159．至文堂．

藤木英雄・金子宏・新堂幸司編 (1972) 法律学小辞典. 有斐閣.
法務省法務総合研究所 (2014) 平成26年版 犯罪白書.

Ⅰ部

2 | 少年犯罪の現状

《**目標＆ポイント**》
・近年の非行と非行少年の特徴について，少年犯罪の構成比，人口比などで
　確認したうえで，特に2000年以降のネット社会化が青少年の犯罪に与えた
　影響を理解する。
・少年犯罪は凶悪化しているのか検討する。
・非行少年に通底する心性や行動を理解したうえで，非行少年にアプローチ
　するための要点を獲得する。
《**キーワード**》　少年犯罪の構成比と人口比，ネット社会化，凶悪事件，非行
少年の特徴

1．少年犯罪の構成比と人口比

（1）少年犯罪の構成比

　図2-1（警察庁，2016）は，2016年度の刑法犯少年の罪種別の構成
比である。刑法犯少年（刑法で規定された犯罪で警察に検挙された犯罪
少年，ただし交通事犯は含まない）のうち，窃盗犯が約60％を占めて
おり，その内，万引きが約30％，自転車盗が約10％である。占有離脱
物横領罪とは，正式には「遺失物横領罪」というが，放置自転車などを
自分のものとして使った場合などに問われる罪である。このように少年
犯罪の半数以上が比較的軽微な事件で占められているのである。万引き
のほとんどは子どもの発達途上での一過性の非行であるが，中には非行
が深化する段階であったり，クレプトマニアという窃盗症も含まれるこ

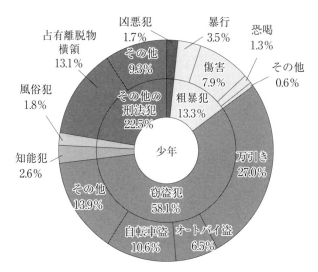

図2-1　刑法犯少年の罪種別の構成比（警察庁，2016）

とがあるので，その見極めは慎重を要する。

　それに対して，司法統計上，凶悪犯とは，殺人罪，放火罪，強盗罪，強制性交等罪（2017（平成29）年に強姦罪の名称と内容が改正された罪）の4つの事件を指す。少年犯罪の凶悪化については凶悪犯の動向が1つの指標となるが，凶悪犯は過去数十年間1.5％前後で推移している。少年による凶悪事件については，粗暴犯である恐喝，傷害などの違いをもとに3節で詳述する。

（2）少年犯罪の人口比

　図2-2（警察庁，2016）は，戦後から現代までの刑法犯少年の推移である（棒グラフは実数，折れ線グラフは千人当たりの人口比）。このグラフの人口比の増減の波で見て取れるように，戦後の刑法犯少年の検挙人数は，1951（昭和26）年，1964（昭和39）年，1983（昭和58）年，2003（平

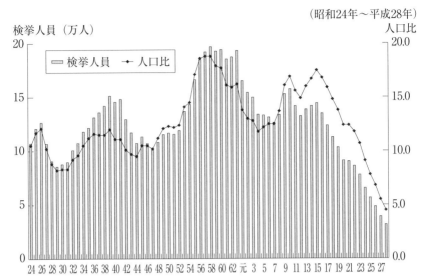

図2-2　昭和24年以降における刑法犯少年の検挙人員及び人口比の推移
（警察庁，2016）

成15)年をそれぞれのピークとする4つの波によって推移している。

　少年犯罪の現状で特徴的なことは，2004(平成16)年以降13年連続で
大幅に減少していることである。人口比では戦後最大の少年犯罪のピー
ク期である1983(昭和58)年の18.8人に対して2013(平成25)年は7.8人で
半減している。実数では2003(平成15)年の14万4,404人に対して2015
(平成27)年は3万8,900人で10万人以上も減少している。

　14歳未満の触法少年の事件も2010(平成22)年以降7年連続で減少し
ている（図2-3：警察庁，2016)。

（3）少年犯罪の減少の要因

　少年犯罪の減少はさまざまな要因が絡むが，いくつか列記すれば以下

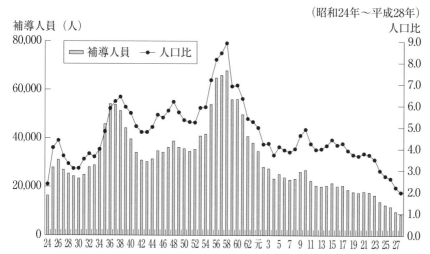

（昭和24年〜平成28年）

補導人員（人）　　　　　　　　　　　　　　　　　　人口比

図2-3　昭和24年以降における触法少年（刑法）の補導人員及び人口比の推移（警察庁，2016）

の要因が考えられる。

①青少年の変化；発達心理学による青少年初期の一般的な特徴として，思考・態度は批判的・反抗的，感情の鋭敏化，情緒の不安定さ，自我の主張，自己顕示的などが挙げられる。ところが2000年代の青少年は，その日その日を楽しく過ごす，身近な人たちとなごやかな毎日を送る，無理に自分の考えを出さず人の意見に合わせる，イライラしない，暴れまわったりしない（NHK放送文化研究所，2013）という変化が見られる。このような現代の青少年の過剰適応的傾向が少年犯罪減少の1つの要因と考えられる。

②犯罪のやり方，ワルの表現の仕方；戦後最大の少年犯罪のピーク期である1983年に多発した対教師暴力に示されるように，1980年代は暴行，恐喝，傷害などの外向的な粗暴事件が多かった。その後，

2000（平成12）年に大学生に携帯電話が行き渡り，高校生，中学生にも携帯電話・ネット・スマホが普及し，コミュニケーションのツールになった。そのようなツールが携帯電話による振り込め詐欺，匿名的ないじめ，性非行，など内向的で表面化し難い犯罪に変化した。そのため，検挙，立件が困難になり事件化し難くなったことも要因である。

③社会を統制する側の要因：たとえば1956（昭和31）年に売春防止法が制定されたことで翌年の検挙人数が極端に急増している。このように法の改正によって事件数は急激に変化する。さらに，犯罪の検挙機関である警察の方針も影響する。たとえば警察が「○○防止月間」として犯罪の取り締まりを強化すれば事件数は増加する。

2. 近年の非行と非行少年の特徴

（1）ネットによるコミュニケーションの特徴

　IT（インフォメーション・テクノロジー）によって，2000（平成12）年に大学生のほとんどが携帯を利用するようになり，高校生，中学生，小学生にも行き渡った。その後，スマホ，SNS（ソーシャル・ネットワーキング・サービス）などさまざまなネット媒体が青少年のコミュニケーションの取り方を大きく変えた。そうしたネット社会化が少年の非行・犯罪に与えた影響は非常に大きい。

　ネットによる人のつながりの特徴として，①グローバルにいつでも誰とでも出会うことができる。②お互いに顔を合わせなくてもコミュニケートできる。③匿名や仮名を使ったやりとりが可能である。このようにネットは，日常では出会えないさまざまな人との接触を可能し，お互いのプライバシーを守ったまま自由に発言し合うことができる。

　その反面，SNSで出会った不特定多数に無責任に言いたいことを言って，相手との関係が悪くなれば一方的に切ってしまう。相手の気持ちや状態を考えないで，自分の都合や気分次第で関係をつなげたり切ったりする。別人になりすまして嘘をついたり相手を利用したりする。こうしたネットによる非行として現代型いじめ（第4章参照）やネット型社会を反映した問題としてストーカー犯罪（第12章参照）などにも現れている。

（2）ネットワークによる性非行

　ネットワークを利用した犯罪をサイバー犯罪というが，少年犯罪でも児童ポルノ禁止法違反（18歳未満の未成年者のポルノ画像を保管したり送信すること）などが急増している。警察庁の調べ（2016）では，未成年者によるネットを直接利用した児童ポルノ禁止法違反事件は2016（平成28）年の検挙件数が1,368件で，2007（平成19)年の192件から過去10年間に7倍増加している。また，わいせつ画像等をインターネットのサイト上に掲載するなどのわいせつ物頒布等の事件は，2007年の8件から2016年には60件に増加している。

　このような性に関する少年犯罪には，青少年の対人関係の問題が反映される。たとえば下着盗の少年は，友人が少なく孤立的で対人関係に不適応感があるため，異性との関係がとれずに，異性の部分としてのモノである下着に代償的関心が向く。強制わいせつ，強制性交に至ってはまさに被害者の人格を踏みにじった凶悪犯罪である。

　青少年にとって異性との関係の発達は，親子，きょうだいなど家族関係を起点として，その後の友人関係などを通して他者との感情，息遣いという体感を伴いながら発達させていく。性非行を犯す少年は，家族で育まれる愛着や情緒的な関係が不十分な場合が多いが，さらにネットが

生身の人との関係の発達を阻害する。その結果，適度な距離を保った柔軟で豊かな人との関係をとることができなくなってしまう。

　かように，ネット社会における青少年の対人関係の変容は，少年非行に顕著に反映している。

3. 少年犯罪は凶悪化しているのか

（1）凶悪事件の動向

　既述のように，凶悪犯とは，殺人罪，放火罪，強盗罪，強制性交等罪の4つの事件を指す。したがって，少年犯罪が凶悪化しているかどうかについては，凶悪犯の動向が1つの指標となる。なお，傷害罪，暴行罪，恐喝罪，脅迫罪は粗暴犯であり凶悪犯のカテゴリーには入らない。

　少年事件における4つの凶悪犯の合計は，刑法犯の構成比で1970年代から2018（平成30）年まで1.5％前後で推移している。少年事件の戦後最大の多発年である1983（昭和58）年は0.8％，14歳の中学生による神戸児童連続殺傷事件が起きた1997（平成9）年は1.3％，11歳の小学生による佐世保小6事件が起きた2004（平成16）年は1.2％である。

　図2-4（法務省，2007）は，1946（昭和21）年から2006（平成18）年までの少年事件の殺人と強盗の検挙人員の推移である。少年による殺人事件の戦後最多年は1951（昭和26）年の448人，人口比で（10歳～19歳10万人比）2.55％，最少年は1980（昭和55）年の49人，人口比（前同）で0.28％である。1970（昭和45）年から2016（平成28）年まで1％を下回っている。

（2）凶悪事件と粗暴事件

　ところが，殺人，放火，強制性交等などの凶悪事件に対して，強盗事

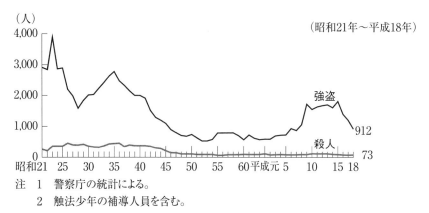

（昭和21年〜平成18年）

注　1　警察庁の統計による。
　　2　触法少年の補導人員を含む。

図2-4　殺人・強盗の少年検挙人員の推移（法務省，2007）

件だけが別な動きを示している。強盗事件だけが1997（平成9）年ころから2003（平成15）年にかけて増加している。

　その増加の理由については図2-5が参考になる。図2-5（警察庁，2001）は，1991（平成3）年から2000（平成12）年までの強盗事件の検挙人員の実数と人口比を示したものであるが，1997（平成9）年から路上強盗の増加によって検挙人員が増加していることが見て取れる。つまり，路上強盗が強盗事件の増加の主な要因になっている。そのことが2000年前後の少年犯罪が凶悪化したとする理由にもなっているのである。

　強盗罪とは，「暴行又は脅迫を用いて他人の財物を強取した者は，強盗の罪とし，5年以上の有期懲役に処する」（刑法236条）という犯罪である。その事案の認定において，暴行や脅迫の手段が被害者の反抗を抑圧している場合に強盗罪とされ，その程度に達しない場合は恐喝罪として粗暴事件のカテゴリーに入る。

　また，恐喝により財物を得た後に，発覚や逮捕を免れるために暴行を加えた場合，それが事後強盗として強盗罪とされるか，「恐喝罪と暴行

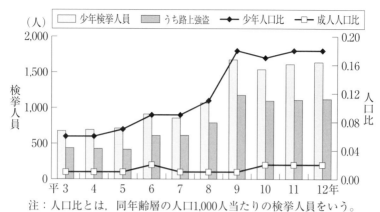

注：人口比とは，同年齢層の人口1,000人当たりの検挙人員をいう。

図2-5　少年による強盗の検挙人員，人口比の推移（警察庁，2001）

罪」とされるかは，検挙及び立件の段階で左右されやすい。さらに，路上強盗の1つとして原付車や単車を使用した「ひったくり」が絡む場合がある。ひったくりは窃盗罪の種別であるが，その犯行で被害者が単車に引きずられたり転倒したりしてけがをした場合，「窃盗罪と傷害罪」ではなく「強盗罪」として立件されることがある。それについて，鮎川（2002）は犯罪社会学の立場から，「少年非行と少年犯罪のすべては，少年と社会統制機関の担当者との相互作用のなかで立ち現れてくることが確認される」と述べている。

　また，非行少年の変化の観点からすれば，非行少年の恐喝やひったくりなどの犯罪のやり方が短絡的になったことが指摘できる。1980年代までの非行少年の恐喝のやり方は，相手をにらみつけたりしながら時間をかけてカツアゲをしていた。ところが2000年ころからの非行少年のやり方は，金を得る目的のために時間と手間をかけずにすぐに殴って奪うという，手段と目的が直結するようになった。それが強盗罪として立件されやすい結果につながっているとも言える。

　以上，統計資料を見るかぎり，少年犯罪は減少し，凶悪事件も増えていない。したがって，非行少年が凶悪化しているとは言えない。

　そうであれば，昨今の少年非行については楽観できるのであろうか。ところが平成27年度の内閣府による少年非行に関する世論調査（内閣府，2015）によれば，5年前と比べて少年による重大な事件が増えているとする人が78.6％（かなり増えているとする人は42.3％，ある程度増えているとする人は36.3％）にのぼる。

　さらに平成29年の内閣府による特別治安調査（内閣府，2017）によれば，この10年で日本の治安が悪くなったと思う人は60.8％（よくなったと思う人は35.3％）で，その理由として青少年の教育が不十分だとする人が37.3％で，防止活動として青少年の非行の防止を挙げる人が35.8％であった。

　このような統計資料と世論のギャップについては，第3章で少年非行の歴史的変遷を見ながら少年非行の質的変化をもとに考察する。

4．少年非行の特徴

　非行少年は臨床や援助の場面において，他の症状や課題のある子どもや青少年とは違う特異な態度や行動を示すことがある。

① 攻撃性と敵意

　非行を起こして少年司法の俎上に載せられた非行少年たちは，表現の仕方は異なれ，処分の不安や恐怖に怯え，司法関係者に対する激しい怒りを内に抱えている。たとえば，女子少年A子は家裁調査官に鋭い視線を金髪の中から放ち一切口を開こうとはしなかった。暴力団員と付き合いのあるB男は仰け反りあからさまな敵対心を示した。非行性の進んだ少年ほど司法や社会に対する敵意や怯えを抱き，その感情を露にして

くる。

このような非行少年たちの攻撃性や敵意は，少年の更生のために力を尽くそうとする援助者にも同様向けられる。非行臨床の困難性の1つが，非行少年が示す激しい攻撃性や敵意にどう対処するかということである。

②　激しい行動化

多くの犯罪者は精神に破綻をきたさないために犯罪という行動を起こす（Foren.et al, 1968）と言われるように，非行少年も内に抱える，激しい攻撃性，不安，葛藤などから自らを防衛するために非行という問題行動を起こす。特に非行少年はネガティブな感情を抱える力が弱いため，行動化を起こしやすい。

その行動化に対処するためには，行動を言葉に置き換えていくアプローチが有効な場合が多いが，非行少年の多くは言葉による表現能力が乏しいため，結局，非行という行動で自らの内面を表現することになりやすい。

したがって，非行少年の対応で困難なことの2つ目が，非行行動が繰り返されて徐々に過激になってしまうことである。非行臨床においては，少年の行動化にどう対処するかということが困難な課題になる。このような非行少年の行動化に対しては，法に基づく，警告，禁止，逮捕などの法的措置の執行で対処することができるが，それと同時に少年たちの心に寄り添う臨床的ケアを適切に行う必要がある。

③　非行の集団性と形態

少年の共犯率は2002（平成14）年ころまではいずれの年も高率で，2002年は強盗71.5 %，恐喝61.5 %，窃盗32.2 %であった。その後，減少し続け2012（平成24）年は強盗57.9 %，恐喝48.4 %，窃盗29.2 %。2016（平成28）年は強盗45.5 %，恐喝42.2 %，窃盗27.7 %である（法務

省，2011）。非行少年の共犯率の減少傾向は，既述のようなネットによる集団性の拡散によるものと思われる。しかしながら依然として成人の犯罪に比して，少年の非行は集団性，共同性を帯びやすいことが特徴である。

　最近の非行集団の形態が著しく変化している。ひと昔前は暴走族や不良グループはリーダーを中心に組織化された非行集団を形成していた。その後，非行集団の規模が縮小し，一人ひとりの位置と役割が不明確で自他未分化に絡み合ったアメーバー状の集まりになった。そして現在は実際のグループ化というより，ネットによってつながったグループが形成されるようになった。

　以上のような非行の集団性があるため，個々の少年に対する働きかけと同時に集団の特性に応じた対処が必要になる。非行集団が実際に形成されていれば，グループのトップなどへの関与がグループ全体に波及したり，法的措置でいったん仲間との関係を遮断したりすることができるが，ネットによるグループにはそうしたアプローチが困難になる。

④　更生動機の乏しさ

　非行は，主に少年が他者に向けて危害を及ぼすことによって成立する問題行動である。それゆえ，非行自体が少年に苦痛を及ぼすことはなくむしろ利得や快をもたらしている。たとえば，万引などは財物の利得や遊びを目的としたものである。シンナー吸引や覚せい剤使用による薬物は快の刺激をもたらす。暴走行為を繰り返す少年たちは，スリルを楽しみギャラリーから注目をあびることを楽しんでいる。

　そのため非行少年たちは非行という問題行動を放棄する理由がないため，自らを改善しようとする意欲がない。もちろん彼らも息苦しさや困難さを潜ませているのであるが，それを自覚して援助を求めようとはしない。非行は法的処分の対象となるため，非行少年が自ら援助者や関係

機関を訪れることもない。

　よって，非行少年に対するアプローチにおいて困難なことは，少年に
更生動機がなく援助的関係が形成でき難いことや，そもそも少年が関係
諸機関に行くことを拒み，少年と関わることさえできないことである。

5. 非行臨床への展開のために

（1）非行少年への関わりの要点

　では，このような非行少年に援助者はどのようにアプローチすればよ
いのであろうか。その要点は以下の3点である。

①　非行の悪質性，問題性について善悪の評価をいったん保留する

　非行は悪い行為であるため，援助者がその行為の悪質性や問題性を初
めから指摘すると，非行少年は殻を閉ざしてしまい，彼らとの関係が形
成できなくなってしまう。そこで，まず非行行為の善悪の評価をいった
ん保留することである。非行を不問に付すのではなく，少年がその罪に
向き合えるまで保留するということである。少年との関係がしっかり形
成されると，保留していた犯罪・非行の内容を少年と共有することがで
きる。

②　非行の意味を救助信号＝SOSとして受け止める

　非行の意味を，少年が援助者に向けて「助けて」「苦しい」と救助信
号＝SOSを発したものとして受け止める。少年が不貞腐れたり反抗的
な態度を取ったりしても，高圧的に抑えつけたり罰をちらつかせたりし
て叱責するような対応は効果がない。少年をありのままに受容しなが
ら，少年の非行行動の意味と援助者に向けて何を伝えようとしているの
かを理解することである。すると，徐々に少年との援助関係が形成され
る。非行臨床の経験の浅い援助者はそのように受け止めることが難しい

かも知れないが，あえて非行少年の救助信号として受け止めることは，非行少年に関わるためのトレーニングにもなる。

③ 非行少年の語りを「徹底傾聴」する

　少年たちの語りに真剣に耳を傾けると，彼らは一様に堰を切るように自分の思いや抑えていた感情を吐き出す。警察や検察で供述できなかったこと，供述しなかったことが語られることもある。もっとも彼らなりのものの見方の偏りや，屁理屈，不合理な言い訳もたくさん出てくる。しかし，それを否定したり修正したり，もちろん肯定したりするのではなく，とにかく最後まで徹底的に傾聴することである。非行少年は自分の話をしっかりと受け止めて聴いてもらった経験に乏しく，ましてや事件を起こしてからは怒鳴られ叱責され続けてきたといっても過言ではないからである。

　「傾聴」とはカウンセリングなど心理臨床の基本であり，すべての援助にも通じる共感的なコミュニケーションの方法である。ここで「傾聴」をあえて「徹底傾聴」と表現したのは，非行は悪い行為であるため，私たちはそれをすぐに否定したり間違いを正そうとしたりする。そうした対応は非行少年の口を閉ざしてしまう。その結果，彼らは吐き出すことができない陰性の感情をさらに屈折させて，非行行動に転化してしまいかねない。

　心理臨床家の村瀬（2011）は，心理臨床の基盤は「人が少しでも生きやすくなるように，『誰に対しても基本的に人として遇し，個人に寄り添う姿勢』でクライエントに出会うこと」だと述べている。同様に，どのような非行少年に対してもしっかりと寄り添いながら，なぜこのような事件を起こしてしまったのか，どうすれば少年は立ち直ることができるのかについて少年と共に考えていくことが求められる。

（2）子どもたちのイノセンス

　以上のような非行少年に対する基本的姿勢についてしばしば指摘されることは，非行少年の責任をあいまいにしてしまわないか，ということである。その点，筆者が家庭裁判所という司法の場から離れて，一介の臨床家として少年たちに向き合うようになった経験からすれば，非行少年の責任を厳しく糾弾することと，少年が責任を真に自覚していくことは比例しない。いくら非行少年に法的責任を追及したところで，彼らは反発して恨みの感情を強めるだけである。ところが，一人の少年として誠実に向き合っていくと，少年に真の責任性や贖罪の芽が生まれてくるというパラドクス的な展開が起きるのである。

　実存派のメイ（May, 1972）は，問題行動のある子どもたちが改善するのは，大人が子どもたちのイノセンス（Innocence；純真，無垢，潔白）を確実に受け止めて関わったときであるということを述べている。私たちが非行少年のイノセンスを容易に受け止めることができないのは，まさに彼らの問題行動が法と結びついているからでる。そうであれば，法という土台からいったん離れて，少年たちを臨床の場に導いてこそ「非行少年」と呼ばれる少年たちのイノセンスが浮かび上がり，適切な援助につながっていくのではないだろうか。

引用・参考文献

鮎川潤（2002）犯罪社会学の立場から．こころの科学．102.

Foren, R and Bailey, R.（1968）Authority in social casework.Pergamon Press.1968.（宗内敦訳（1982）ケースワークと権威．学苑社.）

警察庁（2001）少年による強盗の検挙人員，人口比の推移．平成14年警察白書統計資料.

警察庁（2013）平成25年上半期の出会い系サイト等に起因する事犯の現状と対策について．平成26年警察白書統計資料．

警察庁（2016）平成28年中における少年の補導及び保護の概況．平成29年警察白書統計資料．

廣井亮一（2012）司法臨床入門 第2版－家裁調査官のアプローチ．日本評論社．

廣井亮一編（2015）家裁調査官が見た現代の非行と家族－司法臨床の現場から．創元社．

法務省（2007）平成19年犯罪白書．

法務省（2017）平成29年犯罪白書．

May, R.（1972）Power and Innocence：A Search for the Sources of Violence.（小野泰博訳（1980）わが内なる暴力．誠信書房.）

村瀬嘉代子（2011）臨床心理学を学ぶということはどういうことか．心理学を学ぼう！．心理学書販売研究会．

内閣府（2015）平成27年の内閣府における少年非行に関する意識調査．

内閣府（2017）平成29年の内閣府による特別治安調査．

NHK放送文化研究所（2013）NHK中学生・高校生の生活と意識調査2012．NHK出版．

3 | 少年非行の歴史的推移

《**目標＆ポイント**》
・少年非行を1945(昭和20)年から2018(平成30)年までの歴史的推移で捉えることによって,「少年非行はその時代を映し出す鏡」であることを理解する。
・戦後の少年非行の大きな転換点である1983(昭和58)年と2000(平成12)年にどのような社会的変化があったのか知る。
・非行少年と非行集団の臨床像の変質を考える。
《**キーワード**》 貧困型非行，反抗型非行，学校型非行，よい子の非行，ネット型非行，生徒間暴力型非行

はじめに

　「犯罪や非行は時代と社会を映し出す鏡」だと言われている。非行少年と向き合うと，子どもたちを取り巻く，家族，学校，社会の実相が鮮明に浮かび上がってくる。同様に，離婚，虐待，DVなどの家族の問題，紛争やストーカー問題には，その時代における夫婦関係，親子関係，男女関係の歪みが直截に示される。

　犯罪社会学の立場から，社会背景に則した少年犯罪の変化について，Ⅰ期1945年(戦後民主化時代)〜1960年，Ⅱ期1960年(高度成長時代)〜1980年，Ⅲ期1980年(管理社会化時代)〜1990年，Ⅳ期1990年(高度情報化時代)〜2003年，Ⅴ期2003年(ネット社会化時代)〜現代，でまとめている。そのうえで，少年犯罪が変わり始めたのは1980年代からで，さらに1998(平成10)年〜2003(平成15)年にかけて子どもたちの人間性

自体が変質したという（間庭，2009）。

　家族社会学の立場からは，わが国の戦後家族モデルの変遷について，1945（昭和20）年～1955（昭和30）年を戦後家族モデルの形成期，1955年～1975（昭和50）年を安定期，1975年～1998（平成10）年を修正期，1998年～2005（平成17）年の解体期を経て，2005年以降を家族の迷走期，と区分している。そして，わが国の家族の変化は1975年ころから始まり，質的に大きく変容して問題が噴出したのは1990（平成2）年代後半であると指摘している（山田，2005）。

　両者が指摘する1975年から1980（昭和55）年代の少年犯罪と家族の変化，さらに1990年代後半から2005年の子どもと家族の質的変容。それぞれの時期に，子ども，家族，社会に何が起きているのか。この年代に，筆者が家裁調査官として関わった少年事件，家事事件の臨床実践をもとにあえて大きな転換点を少年非行で明示するならば，第1の転換点が1983（昭和58）年，さらに家族と社会の変容を視野に入れるならば第2の転換点が2000（平成12）年である。

　図3-1は，少年刑法犯の検挙人員の人口比（10歳以上の少年の刑法犯検挙人員の人口比）の推移を示したものである。

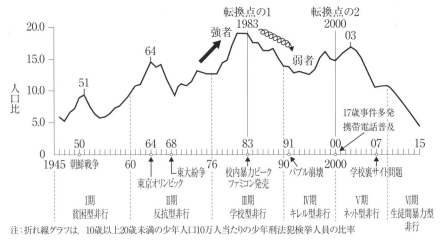

注：折れ線グラフは，10歳以上20歳未満の少年人口10万人当たりの少年刑法犯検挙人員の比率

図3-1　非行の特質と非行形態の遷り変わり（廣井，2008．図1-1に加筆修正）

　人口比の増減の波で見て取れるように，戦後の少年非行は，1951（昭和26）年，1964（昭和39）年，1983（昭和58）年，1998（平成10）年と2003（平成15）年をそれぞれのピークとする5つの波によって推移している（1998年と2003年はその中間点の2000年をピークとする）。それぞれのピークの前後10年〜15年をスパンにすると，その時代の少年犯罪の特徴が浮かび上がってくる。

1．1945（昭和20）年から1989（平成元）年までの少年非行

▶第Ⅰ期（1945年から1959年）：「貧困型非行」「生活型非行」
　戦後の混乱と復興を社会背景として，非行少年の家庭の7割が低所得層で両親健在の家庭は半数以下であった。食べるため生きるために金や食べ物を盗む非行が多発した。

　きょうだいの人数が多く，年上の18，19歳の年長少年（司法統計では，18・19歳を年長少年，16・17歳を中間少年，14・15歳を年少少年という）が親替わりになって年下のきょうだいを育てるために，生活するための金や食べ物を盗む非行もあった。

▶第Ⅱ期（1960年から1975年）：「反抗型非行」
　この期は，1960（昭和35）年の所得倍増政策をもとに，1963年の東海道新幹線の営業開始，1964年の東京オリンピック開催などに示されるように，「先進国への道」を標榜して高度経済成長社会に向かった時期である。

　金と物が価値観となり，第一次ベビーブーム世代の16・17歳の中間少年を中心として，遊ぶための金と物を得るための窃盗事件が多発し

た。若者文化としては，既成の価値観にとらわれない「みゆき族」や暴走族の前身とも言われる「カミナリ族」が出現した。また，1968年の東大紛争に象徴されるように，大学生が権威や権力にぶつかっていく学生運動が起きた時期である。

▶第Ⅲ期（1976年から1989年）：「学校型非行」「遊び型非行」

　石油ショックによる経済低成長とその後に生じた土地や株の投機によるバブル経済など，急激な経済的変動の中で刹那的な社会風潮を呈した時期である。物質文明が飽和状態に達し，自然が破壊され子どもたちが里山で遊べなくなった時期でもある。また，高学歴時代の渦中で受験戦争が過熱した時代である。

　万引きや自転車・原付車盗など過剰にあふれた物を盗むこと自体が遊びと化した「遊び型非行」が14・15歳の年少少年を中心に多発した。第Ⅲ期に特筆すべきは，第Ⅱ期の大学生による大学紛争が高校生に波及し，1980年前半に中学生による校内暴力（対教師暴力）が全国各地で頻発したことである。大学紛争と中学生の校内暴力を並列することはできないが，次に述べるように「強者」に向ける攻撃性のベクトルがこの時期まで引き継がれた，と見ることができる。

2. 転換点の1－1983（昭和58）年

（1）強者への反抗

　転換点の1である1983年は，中学生の校内暴力（対教師暴力）の全国ピークで，戦後最大の少年非行の多発年である。非行少年は親や教師にあからさまに反発や反抗をしたり，さまざまな問題を起こしたりすることで，息苦しさや生き難さを訴えるという救助信号を発していた。

1960年代から1983年に至るまでの，大学生，高校生，中学生の反抗には，権力者や権威者（為政者，警察官，教師など）という「強者」にぶつかっていく攻撃性のベクトルがあった。

　家庭裁判所に係属した非行少年にも家裁調査官に対してストレートに反抗する少年たちが多くいた。家裁調査官はそうした少年たちとぶつかり合うことによって，非行に行動化される攻撃的なエネルギーを更生に向けるエネルギーに転化するというアプローチをとることができた。

　少年たちは軽微事件から徐々に大きな事件へと非行性の深化も段階的プロセスを踏んでいた。そのため少年が問題行動や非行を起こした各段階に応じて，家庭，学校，児童相談所，警察，家庭裁判所などでさまざまな関わりや援助がなされ，少年の非行の悪化を未然に防止することができた。

（2）弱者への攻撃

　ところが共同体型社会から1980年代に管理型社会になり，青少年の反抗は力によって抑え込まれた。そして戦後家族モデルが解体に向かう中で，1983（昭和58）年を境にして非行少年に顕著な変化が起きている。学校現場では対教師暴力などの非行が減少し，それに代わって「弱者」に対するいじめが大きな学校問題になっている。

　1983年を転換点とするこのような少年非行の変化は，戦後からの少年非行の推移を見れば，青少年の攻撃性の質的変容によるものと理解することができる。すなわち，1960年代から1983年に至るまでの，大学生，高校生，中学生の反抗には，権力者や権威者という「強者」にストレートにぶつかっていく攻撃性のベクトルであった。そのような青少年の攻撃性が力によって抑え込まれ管理された結果，いじめなど「弱者」に対する歪んだ攻撃性に変質している。なお，1983年はわが国にファ

ミコンが登場して，IT（information technology）文化のさきがけとなる年である。

▶**第Ⅳ期（1990年から1999年）:「キレル型非行」「よい子の非行」**

（1）非行の質的変容

　第Ⅳ期は転換点の1から2への移行期にあたる。

　バブル経済が崩壊して以来，完全失業率の増加，学生の就職難など，先が見えない不況に陥り，少子高齢社会の到来などさまざまな面で従来の価値観の転換が起きた時期である。

　この時期の少年非行の特徴は，ごく普通の少年や過去に補導歴や非行歴がない少年が突然，殺人や強盗など凶悪事件を起こしたりするという点で「キレル型非行」「よい子の非行」と称されている。彼らは非行文化にも接触，感染しておらず，教師だけでなく両親に対しても従順であまり問題を感じさせない。彼らの日常の行動と非行行動に大きな落差があるため，事件後の周囲の反応は，普段何も問題がなかった少年がなぜ凶悪事件を起こしたのか理解できないと首を傾げることになる。

　学校ではいじめ問題が深刻化し，いじめを原因とする自殺やいじめが過激化した他殺事件も起きている。小学校では1996（平成8）年ころから学級崩壊が問題になっている。

　少年たちは，自分とは異質な者に対して激しい攻撃を向けるようになり，集団非行として「おやじ狩り」「ホームレス狩り」など“狩り”と称したゲーム感覚の凶悪事件が多発した。1997年には14歳少年による神戸児童連続殺傷事件で，「学校殺死の酒鬼薔薇」によって「ボクは殺しが愉快でたまらない，人の死が見たくて見たくてしょうがない」という，2000（平成12）年以降の少年犯罪を予兆する犯行声明文が書かれている。

（2）重大少年事件の検証

　この時期に，家庭裁判所調査官研修所は1997年から1999年に起きた少年による殺人事件，傷害致死事件などの重大少年事件を実証的に検証した結果を報告している（家庭裁判所調査官研修所，2001）。

　それによれば，単独で重大事件を起こした少年について，次の3タイプに分類できるとしている。

　①幼少期から問題行動を頻発していたタイプ

　②表面上は問題を感じさせることのなかったタイプ

　③思春期になって大きな挫折を体験したタイプ

　この3タイプのうち，②と③が第Ⅳ期の非行の特徴を端的に示しているように思われる。また，3タイプの少年に共通する特徴として，次の5項目が指摘されている。ア.追い詰められた心理，イ.現実的問題解決能力の乏しさ，ウ.自分の気持ちすら分からない感覚，エ.自己イメージの悪さ，オ.歪んだ男性性へのあこがれ。

　こうした非行少年の特徴が2000（平成12）年以降の第2の転換点につながっていくのである。

3. 転換点の2－2000年
（インターネットによる屈折した攻撃性）

（1）家族と社会の変容

　第2の転換点としての2000年は高度情報化時代からネット社会化時代に移行した年である。人々の社会的営為と感情の機微を伴うコミュニケーションによって成り立つ社会が，無機質な記号の交換によるネット空間に変質した年である。社会は先の見えない構造的不況に陥り，失業率の急増，自殺者が3万人を超えた。

　家族は，少子高齢化，離婚率に拍車がかかり児童虐待が急激に増える
など，戦後家族モデルは完全に解体して機能不全に陥った。2000年に
児童虐待防止法，ストーカー規制法，2001年のDV防止法などに示され
るように，親子，夫婦などの家族関係の問題，男女の人間関係の歪みが
一挙に露呈し，法による介入が行われた年でもある。本来，社会の歪み
に対して，子どもを守る緩衝地帯となるべき家族の機能が低下したた
め，子どもは社会と家族の歪みをダイレクトに被ることになったので
ある。

　その結果，激しい苛立ちを内に秘めた非行少年が多くなったように感
じた。彼らは家庭裁判所に係属すると，家裁調査官の指示を素直に受け
入れ反発をすることもあまりない。家裁調査官が意図的に厳しく叱った
り棘のある言葉を投げかけたりしても，彼らには暖簾に腕押しである。
ところが，そうした無気力感を支えるように関わり続けると，徐々に彼
らにいら立ちが見え隠れしたり，小動物に対する虐待的行為やインター
ネットを利用した陰湿な行為を繰り返したりしていることが明らかに
なってくるのであった。

　つまり，学園紛争や校内暴力として，社会や教師に向けられていた青
少年の攻撃性は，1983（昭和58）年以降家庭や学校ではあからさまには
発動されず，弱者や異質な者に対する陰湿な攻撃に転じ，2000（平成
12）年以降現代にかけてインターネット内の屈折した攻撃性として潜在
して蠢いているということである。

（2）受動攻撃性

　以上のような非行にみられる攻撃性は，「受動的な攻撃性（passive-
aggressive）」として次のように説明される。攻撃衝動が生じた場合，
通常そのエネルギーは何らかのかたちで行動化されるが，子どもの成長

過程で攻撃性が過剰に抑圧，禁止されると，攻撃性は受身的な形で表現されるようになる。

　たとえば上位者に対しては，依存的で退行した態度，自分を主張することを回避したり，上位者に都合のよい（よい子の）イメージを示したりすること，などが特徴である（加賀，1979）。しかし，こうした受け身的な表現は，明確に表明されない敵意の反映であり，依存している相手との関係に十分な満足ができないときに起きる憤怒の表現である。

　このような受動的な攻撃性の特徴をさらに際立たせ，まさに現在の青少年の攻撃性の表現を端的に浮き彫りにしているのが，インターネットなどを介した"ネット型いじめ"である。ネット型いじめでは，サイト内の掲示板に誹謗中傷などの書き込みをした者を特定し難いため，まさに「よい子」のままで他者を激しく攻撃することが可能になる。また，ネットを利用すれば現実の生身の相手と向き合わなくても，受け身のまま相手に致命的な打撃を与えることができる。今後，こうした攻撃性を屈折し潜在させたままの凶悪重大事件の出現が危惧される。ネット型いじめについては第4章で詳述する。

4. 2000（平成12）年から2018（平成30）年までの非行少年

▶第Ⅴ期（2000年から2009年）：「ネット型非行」

　第Ⅳ期からの弱者への攻撃性を素地として現在型非行の典型ともいえる「ネット型非行」に移行した。第2章2節で詳述したように，2000年は大学生にあまねく携帯電話が行き渡った年でもある。その後，さまざまなネット媒体が，高校生，中学生，小学生に普及し，子どもたちのコミュニケーションを大きく変質させた。子どもたちに最も必要な他者の

肉声や息遣いという，人間関係における「体感」を失わせた。ネットを媒体とした2000年以降のスマホなどのさまざまなツールが少年の犯罪を大きく変えた。

　そのような子どもたちの変容を少年犯罪が社会に告げるかのように，西鉄高速バスジャック刺殺事件，愛知主婦殺害事件，など17歳前後の少年たちが社会を震撼とさせる凶悪重大事件を2000（平成12）年に頻発させている。そうした事件の特徴として，「人を殺してみたかった」という殺害動機の無目的性，「殺す相手は誰でもよかった」という対象特定の欠落，など人間関係を見失い，「人をバラバラにしてみたかった」という人をモノ化するような事件が起きている。また，低年齢の重大事件として，2003（平成15）年の中学1年生による幼児突き落とし事件，2004年には小学校6年生11歳女児による小学校内での同級生刺殺事件が起きている。

　こうした少年・児童による一連の凶悪・重大事件を受けて，非行少年の「凶悪化」と「低年齢化」がメディアで指摘され，非行少年に対する厳罰を旨とする少年法改正が2000年に行われたことは特筆されるべきことある。

▶第Ⅵ期（2010年から2019年）：「生徒間暴力型非行」

　文部科学省の2010（平成22）年度の児童生徒の問題行動調査（文部科学省，2012）によると，小中高生の暴力行為が60,305件にのぼり過去最多を更新した。内容別では，「生徒間」34,439件，「器物損壊」14,990件，「対教師」8,967件，「対人」1,909件（内訳は小学校6,162件，中学校42,761件，高校11,660件）である。

　子どもの暴力は，第Ⅲ期のピークである1983（昭和58）年前後にも多発したが，その多くは強者に向かう対教師暴力であった。ところが第Ⅵ

期の子どもの暴力の矛先は弱者へのいじめなどによる「生徒間暴力」，つまり子どもたち同士が傷つけ合っていることが特徴である。

　そうした子どものいじめ問題を2013（平成25）年に「いじめ防止対策推進法」で規制して，子どもたちのケンカも親や教師の監視の対象にした。その結果，子どもたちは攻撃性をネットに潜在させ，生身の人間をモノ化した陰湿な少年非行が起きるようになった。

　以上のように，1945（昭和20）年から2019（平成31）年までの約75年間の少年非行の特徴を概観すると，犯罪や非行はその時代の社会状況を鋭敏に反映したものであることが分かる。したがって，少年非行を考えるということは，子どもを取り巻く，家族，学校，社会の実相を捉えることでもあると言えるのである。

5. 非行少年と非行集団の変質

　家裁調査官として筆者が携わった非行臨床の実践経験からすれば，ここまで述べた第Ⅲ期までと第Ⅳ期以降の非行少年と非行集団に顕著な変化が生じている。それぞれの非行少年の臨床像を提示する（廣井, 2012）。

（1）非行少年の変質
▼少年A（15歳，中学3年生）──傷害事件（1984（昭和59）年の事件）

　少年Aは，ある市内の学校区の「総番長」と称して，校内外で「ワル」を自認し市内の非行グループの中心的役割を担っていた。

　服装も校則で禁じられている「ガクラン」（1980年代前半の襟や上着を非常に長くした学生服）を着用し，教師に対して反発と反抗を繰り返し，あえて「ワル」を誇示するかのように行動してい

た。ただし，Ａは女性教師に暴力をふるわないことと弱い者いじめ
はしないことを自らと番長グループの約束事にしていた。

　Ａが在籍していた中学校では，体育祭の応援合戦を代々の番長が
仕切ってきたが，新たに赴任した屈強な生徒指導の教師が応援合
戦を教師の指導下においたため，Ａはその改善を教師に直訴した。
Ａは暴力をふるわないようにするため，ズボンのポケットに両手を
入れて教師と口論した。ところが，教師から「ポケットに手を入
れて話すとは何事か」と怒鳴られたことに腹を立てて，教師に頭
突きをくらわして気絶させてしまい，教師への暴行事件として家
庭裁判所に送致された。

　Ａは家裁調査官の調査においても大股を広げて仰け反り，あから
さまな反抗的態度で臨んだ。家裁調査官が注意をすると，Ａはさら
ににらみ返して反発した。しかし，家裁調査官がそうしたＡの反
抗や反発を受け止めながら関わると，Ａは徐々に教師や学校に対す
る不満を語り，事件に至るまでの興奮した感情や暴力に及んだ状
況などをつたない言葉ながら説明し始めた。家裁調査官は，その
ようなＡとの関わりによって彼の非行動機を理解することができ，
さらにＡは犯行に至るまでの感情と行動を振り返りながら反省し
た。その後，Ａは家裁調査官の助言と指導に従いながら，中学校を
卒業するまでにみごとに更生した。

　このように，Ⅲ期までの非行少年の多くは，非行に至るまでに親や教
師に反抗したり，さまざまな問題行動を起こしたりして，少年自身のネ
ガティブな感情や態度を表現していた。家庭裁判所においても少年たち
は，家裁調査官に反発や反抗をする攻撃性を持ち続けていた。そのた
め，家裁調査官は，非行に行動化される彼らのエネルギーを更生に向け
るエネルギーに転化させることができたのである。

▼少年B（16歳，高校1年）──動物愛護法違反事件（1997（平成9）年の事件）

少年Bは，中学生までは成績優秀で親や教師の言うことをよくきく素直なよい子として評価されてきた。ところが，両親に強引にすすめられた私立高校に進学して以来，深夜，コンビニや公園でぶらぶらするようになり，親の期待にそむき勉強をせず，教師との約束も守らなくなった。

次第に，親と顔を合わせることを避けるようになったBは，高1の夏休みに深夜自宅を抜け出し，猫や子犬の目をえぐり取るという動物虐待を繰り返し，動物愛護法違反で家庭裁判所に送致された。

Bは身だしなみを整えて家庭裁判所に来て，家裁調査官の調査では姿勢を正して臨んだ。事件について反省の言葉を繰り返しながらも気持ちが伴わず，抑え込んだようないら立ちを抱えていた。家裁調査官があえて棘のある質問を投げかけ，彼のいら立ちの感情を引き出そうとしても，それを跳ね返そうとはせず，逆に，さらに怒りやいら立ちを澱のように彼の内に深く沈殿させていくかのようであった。その後，Bは中学生時代の同級生数名と飲酒をして暴れ，通行人にとび蹴りをして大けがをさせ，緊急逮捕され少年鑑別所に収容された後，少年院に送致された。

Ⅳ期以降の非行少年たちの際立った特徴は，家庭や学校では「素直なよい子」というポジティブな側面を示す少年が，突然のように「残虐で凶悪な非行少年」になるということである。あからさまな反発や反抗を示さず，B少年のように期待を裏切ったり約束を守らないといった「受動的な攻撃性」を示すこともある。あたかも，少年は犯罪を起こすことによって，親や教師に自分のネガティブな面を見せることができるかのような様相を呈するのである。

（2）非行集団の変質

　第Ⅲ期までの非行集団は，ピラミッド型のヒエラルキーとして組織化され，各メンバーもその序列に応じた，個としての位置（position）と役割（role）が明確に規定されていた。少年Ａのようなリーダーのもとに，グループとして統制された非行行動に及ぶことが特徴的であった。そのため，Ａに対する指導によってＡが安定するにしたがって，その良効果がグループ全体に波及して，他のメンバーも落ち着きを取り戻していくことができた。

　それに対して，第Ⅳ期以降の非行集団は，アメーバー状の集団として形成されることが特徴である。すなわち，個々の少年の位置と役割が極めて不明確で，自他未分化に群れ集まった状態を呈している。少年Ｂのグループのメンバーは目立たない生徒が多く，特に大きな問題行動を起こすことはないが，何をすることもなくいつも数名でコンビニなどで深夜まで群れていた。

　アメーバー内の彼らの関係は希薄で全人格的な濃密な関わりを嫌うが，グループの動きに影響され煽られやすくなる。そのため，集団の動きに抑制がきかず，結果的に重大事件に結びつくこともある。さらに，核となるリーダーが存在しないため，グループのどこにアプローチをしても収拾がつかず，グループメンバーへの指導に苦慮することになる。

　その後現在にかけて非行集団の変化が続いている。それは暴走族と構成員の減少に顕著に示されている（図3-2）。暴走族構成員数は1982（昭和57）年をピークにして2010（平成22）年にかけて4分の1以下に減少している。グループ数は1996（平成8）年から2002（平成14）年にかけて一時増加しているが，この傾向は構成員の減少からすれば，ひと昔前の大規模な暴走族ではなく，少人数が群れるようなグループの乱立によるためである。そのグループ数も2002年以降急速に減少している。この傾向

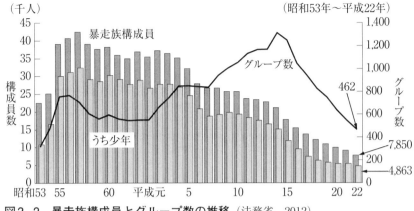

図3-2　暴走族構成員とグループ数の推移（法務省，2012）

は第2章4節で述べたように，構成員同士の実際のグループ形成ではなく，ネットで暴走の参加を呼び掛ける単発的な集団暴走が多くなっているためと思われる。

引用・参考文献

廣井亮一（2012）司法臨床入門 第2版−家裁調査官のアプローチ．日本評論社．

廣井亮一（2008）現代非行の特質と非行形態の移り変わり．村尾泰弘編Q＆A少年非行を知るための基礎知識．明石書店．

法務省（2012）平成24年犯罪白書．

家庭裁判所調査官研修所（2001）重大少年事件の実証的研究．財団法人司法協会．

加賀多一（1979）受身―攻撃型人格とその臨床．原俊夫・鹿野達男編．攻撃性：精神科医の立場から．岩崎学術出版社．

間庭充幸（2009）現代若者犯罪史．世界思想社．

文部科学省（2012）平成22年度「児童生徒の問題行動等生徒指導上の諸問題に関する調査」．文部科学省初等中等教育局児童生徒課．

山田昌弘（2005）迷走する家族．有斐閣．

4 いじめ問題

《目標＆ポイント》
・いじめの歴史的変遷をたどりながら，いじめ防止対策推進法の制定に至る
　までのいじめ問題を理解する。
・いじめ防止対策推進法のいじめの定義を学ぶ。
・現代型いじめの特徴を理解したうえで，学校での対応と防止策を考える。
《キーワード》　いじめ防止対策推進法，現代型いじめ，けんか，学校

1. いじめの変遷

　1970年代までのいじめの多くは個人対個人によるもので，いじめる
子といじめられる子が特定しやすく，いじめへの対応も取りやすかっ
た。校内暴力などの問題行動を力で抑えつけた1980年代以降，非行の
数は減ったが子どもたちの攻撃性は歪み，一人の子どもを複数でいたぶ
るような陰湿ないじめが多くなった。

　そのころからいじめが社会問題になり，1985（昭和60）年に文部省が
いじめの実態や指導状況について全国調査を開始した。その際の文部省
のいじめの定義は，・自分よりも弱いものに対して一方的に，・身体的，
心理的な攻撃を継続的に加え，・相手方が深刻な苦痛を感じているも
の，・学校としてその事実を把握しているもの，であった。

　その後も1986（昭和61）年に学校で葬式ごっこ自殺事件，1993（平成5）
年に山形マット死事件など深刻ないじめ事件が起きた。1995（平成7）年

に文部省はいじめの定義を変更し，・学校の内外を問わず，・いじめの判断は表面的，形式的ではなく，・いじめられている子の立場で行うとして，被害児の保護を強く打ち出したのである。

　2000（平成12）年以降のネット・スマホの普及は，他者と直接向き合って体感できる人の温もりや息遣いという生身の人間関係を失わせ，いじめが大きく変質した。ネットを媒体にしたいじめは，匿名のまま相手を攻撃することを可能にし，誰もがいじめの加害児，被害児になるという現代型いじめに移行した。

　ネットやスマホによるいじめは人の痛みが伝わらず，表面化し難く初期対応も困難である。さらに，攻撃における自己と他者への制御がきかずエスカレートして，いじめによる自殺や他殺につながりかねない。そのような現代型いじめを反映して，文部科学省は2007（平成19）年にいじめの定義をさらに変更し，いじめか否かを判断する際の「継続的に」「深刻な」という要件をなくして，いじめを広範に捉えるようにした。

　そして，2011（平成23）年の大津いじめ自殺事件などが契機となり，2013（平成25）年にいじめに関する初めての法律「いじめ防止対策推進法」が制定されたのである。

2. いじめ防止対策推進法

（1）いじめの定義

　いじめ防止対策推進法（以下，「法」という）は，いじめの防止等のための基本理念を明らかにし，国や地方公共団体，学校等はそれに基づき方針の策定を行うことを定めた。さらに保護者に対しても，いじめ防止のために児童等の規範意識を養うことなどを責務とした。

　法1条の冒頭で，「いじめが，いじめを受けた児童等の教育を受ける

権利を著しく侵害し，その心身の健全な成長及び人格の形成に重大な影響を与えるのみならず，その生命又は身体に重大な危険を生じさせるおそれがある」ことを明示した意義は大きい。

法2条は，いじめを次のように定義している。（下線と番号は筆者による）

> 「いじめ」とは，<u>①児童等に対して，当該児童等が在籍する学校に在籍している等当該児童等と一定の人的関係にある他の児童等が行う</u>②<u>心理的又は物理的な影響を与える行為</u>（インターネットを通じて行われるものを含む。）であって，当該行為の対象となった<u>③児童等が心身の苦痛を感じているもの</u>をいう。

①の要件は，いじめを児童等（児童または生徒のこと）と一定の人的関係にある他の児童等の行為に限定し，同じ学校に在籍している場合に限らず，塾やスポーツクラブなどでつながりがある場合も含む，ということである。

②の要件の，心理的な影響を与える行為とは，無視，仲間はずれ，陰口，差別的などであり，インターネットの掲示板などでの誹謗中傷やLINEのグループから外すなどの行為も含む。物理的な影響を与える行為とは，暴力のほかに被害児が嫌がることを無理にやらせたり，被害児の所有物を壊したり隠したりすることである。

③の要件は，いじめの判断基準であり，被害児が心身の苦痛を感じているかどうかという，被害児の立場で判断するということである。したがって，けんかやふざけ合いでもいじめに該当する場合がある。

（2）いじめの具体例

法の規定に基づき，文部科学省はいじめの防止等のための対策を推進

するために「いじめの防止等のための基本的な方針」（文部科学省，2013）を策定し，いじめの具体的な態様として次の例を挙げている。

　・冷やかしやからかい，悪口や脅し文句，嫌なことを言われる

　・仲間はずれ，集団による無視をされる

　・軽くぶつかられたり，遊ぶふりをして叩かれたり，蹴られたりする

　・ひどくぶつかられたり，叩かれたり，蹴られたりする

　・金品をたかられる

　・金品を隠されたり，盗まれたり，壊されたり，捨てられたりする

　・嫌なことや恥ずかしいこと，危険なことをされたりさせられたりする

　・パソコンや携帯電話等で，誹謗中傷や嫌なことをされる

　なお，以上の行為には犯罪として取り扱われる行為や生命・身体等に重大な被害が生じるような場合もあるので，教育的な配慮のうえで早期に警察と連携した対応が必要である，と記している。

3．現代型いじめの特徴

（1）いじめの入れ替り

　現代型いじめは，いじめの加害−被害−傍観−仲裁が入れ替わることが特徴である。

　文部科学省国立教育政策研究所（2013）によれば，小学校4年生から中学校3年生までの6年間で9割近くがいじめ被害といじめ加害の経験があり，一部の子どもだけが被害を受けているとか，加害に及んでいるわけではないことを指摘している。高校生756人を対象にしたいじめ調査（坂田，2012）では，2割以上が「いじめられたことがあるから，いじめた」「いじめられないために，いじめた」という，いじめ被害に関

することをいじめ加害の原因に挙げた。155人の大学生を対象にした，小・中・高校時代のいじめ体験の実態調査（廣井，2014．未発表）では，いじめの加害，被害，傍観，仲裁の複数の経験を有する者が約3割であった。

このような調査結果から見て取れるように，いじめの加害児と被害児が固定するいじめを古典的いじめとすれば，現代型いじめは，誰もがいじめの加害児，被害児，になり得ることが特徴である。まさに，第3章4節で述べたように，子ども同士が傷つけ合うという，子ども集団の関係性の歪みを顕著に示している。

（2）子ども集団の防衛反応

子ども同士が傷つけ合うといういじめ現象は，現代の子どもたちが置かれている，社会，学校，家族からのさまざまなストレスによる防衛反応だと見ることができる（図4-1）。子ども集団をシステムとして捉えれば，非行，若年層のうつ化，いじめ，など昨今の子どもの問題を図4-2のように理解することができる。

すなわち，1章でも指摘したように，子どもシステムに社会・大人シ

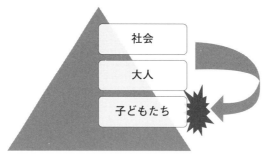

図4-1　子どもを取り巻くシステム（廣井，2012．p.200）

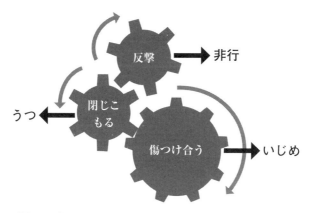

図4-2　問題が生まれる少年の防衛反応のかたち（廣井，2012．p.200）

ステムから加害が及ぼされ，その防衛反応として，ある子どもは加害を
及ぼす大人，社会への反撃として攻撃行動を起こし（非行），ある子ど
もは自分の殻に閉じこもることで防衛し（うつ化），そして子ども同士
がお互いを傷つけ合うという集団内の自傷行為を繰り返す（いじめ），
ということである。

　すると，いじめを「加害児→被害児」の関係だけで捉えたり，被害児
の立場だけを強調して加害児を非難したり排除したりすることは，子ど
も集団における問題をさらに根深くすることにもなりかねない。した
がって，子ども集団の関係性を修正するという観点から，いじめ被害児
を守ることはもちろんのこと，いじめ加害児のケアも同時に行うことが
必要だと言える。

4. 法制定後のいじめの現状

　いじめによる事件が後を絶たず，それを防ぐために法が制定されたの

であるから，私たちは法に従って対処することが求められることになる。しかしながら，いじめ防止や早期発見のために，法を制定して基本方針の策定や保護者の責務を要請したことが果たして奏功したのか，法の制定3年後のいじめの現状で検討する。

　警察庁（2017）によれば，いじめに絡む事件で警察が2016（平成28）年中に摘発・補導した小・中・高生は267人で，2015年中は331人，2014年中は456人である。ただし，これは学校等が警察に通報し，暴行と傷害（罪種で総数の約6割を占める）等で補導された人数である。

　一方，文部科学省（2017a）によると，学校が認知したいじめ件数は，2016（平成28）年度は32万3,808件（1,000人当たりの23.9件），2015年度は22万3,132件（同16.5件），2014年度は18万8,072件（同13.7件），2013年度は18万5,803件（同13.4件）である。

　これらの統計からすれば，暴行や傷害という警察に通報し事件につながるようなあからさまないじめ（ひどくぶつかられたり，叩かれたり，蹴られたりする）は減少しているが（いじめ態様の構成比6.3％），学校が認知したその他の陰湿ないじめ（冷やかしやからかい，悪口や嫌なことを言う）がかなり増加している（同構成比62.5％）と見ることができる。

　したがって，法がいじめの防止や早期発見に奏功したとは言えず，法の介入によって子どものいじめが質的に変化し，潜在化，陰湿化したと考えられるのではないだろうか。その理由として，法は規範を示すが必ずしも実体的解決にはつながらないからである。

　「規範」とは行為の善悪，正不正の判断基準であり，それに関する法律や道徳を「規範的知識」という。いじめを防止するために法的規範によって対処しても，一人ひとりの子どもと子ども同士の関係の実体を捉えることはできない。ましてや法的対応だけでいじめを解決することな

どできない。法の規範だけで対処するのではなく，子どもたちの現状から出発してその解決を追求する，人間理解の方法としての臨床的関与が必要になる。

5. いじめ，犯罪，けんかの相違

（1）いじめとけんか

いじめ防止対策推進法の趣旨を踏まえることは大切であるが，法の観点だけで子どもたちを「監視」したり，けんかやトラブルに大人が介入したりすることは，子どもの発達や子ども集団の修復機能を阻害することにもなりかねない。

たとえば，いじめとけんかの関係である。文部科学省は2007（平成19）年の通知でいじめの定義を変更したが，その注釈で「けんかを除く」と明記していた。ところが法の制定後，同省は2013（平成25）年の「いじめの防止等のための基本的な方針」で，けんかは除くとしながらも「けんかに注意する」ことを付記した。そして2017（平成29）年の最終改訂（文部科学省，2017b）で「けんかやふざけ合いであっても，見えない所で被害が発生している場合もあるため，背景にある事情の調査を行い，児童生徒の感じる被害性に着目し，いじめに該当するか否かを判断するものとする」として，「けんかを除く」が削除され，けんかやふざけ合いもいじめ調査の対象にしたのである。

子どもの発達にとって，学童期までのけんかは相手の体温，息遣いを感じ，ひっかき合いなどで生身の人間を体感する。さらに，本来，子ども集団はさまざまなトラブルを起こしても，そのネガティブな関係を互いに徐々に修復していくことができる。そこに大人が介入すると，子どもは生身の人間と人間関係を獲得して発達することができなくなる。そ

の結果，思春期以降に友人関係で過激なトラブルを起こしたり，暴行や傷害といった非行にもつながりかねない。

　その意味で，子どものけんかや子ども集団でのトラブルは，ネガティブな関係性を適切に修復していくための大切な学習課題でもある。いじめの防止のために現代の子どもたちはその機会を失ったと言えよう。

（2）いじめと犯罪

　いじめと犯罪の関係については，被害児の物を壊すことは器物損壊罪，使い走りをさせることは強要罪，恥ずかしい行為をさせることは強制わいせつ罪，万引きをさせることは窃盗教唆罪，水に沈めることは殺人未遂罪，などにそれぞれ関係する。

　このような犯罪といじめの関係を見ると，今までいじめだと思っていた行為の多くが犯罪行為になり得ることに気づかされる。したがって，いじめと犯罪のグレーゾーンは犯罪になり得る行為だと捉え，発見した場合は児童相談所や警察などの対処も必要になる。

　いじめで最も酷いものは集団全員による無視である。そのいじめを受けた子は精神的に破綻をきたすこともあるので要注意である。また，いじめが見逃されやすい行為として「いじる」（面白半分にからかったりする）ことが指摘できる。往々にしていじられる子は苦痛を感じていても笑っていたり，いじる子と行動を共にしている場合が多い。既述の大学生を対象にしたいじめ体験の実態調査のインタビューで，あるいじめ被害経験者は，「いじりが苦しかったのでそれを早く収めるために何でもないように明るく振る舞っていた」と語った。いじりに抵抗を示したりするとさらに酷いいじめを誘発することになるからだという。

　なお，いじめとけんかのグレーゾーンについては見極めが難しいが，1つの目安として，けんかは一過性の出来事である場合が多く，その後

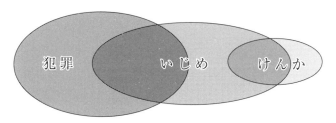

図4-3　いじめと犯罪，けんかの関係

に元の仲に戻るかそれ以上の仲良しになることがある。けんかが長く続いていたり，どちらかが元気がなくなったりした場合はいじめであることが多い。

　図4-3は，以上の点から想定した法の制定後の「いじめ」と「犯罪」，「けんか」の関係である。

6. いじめ問題の対応の基本

（1）学校全体で対応する

　いじめが起きた時にクラス担任や部活担当者は自らの力だけで何とか対応しようとする傾向があるが，これはいじめの初期対応で陥りやすい誤りである。往々にして，いじめの事態を深刻にしたり解決を困難にしかねない。いじめ事案の軽重にかかわらず，まず学校長に報告し，学校全体で組織的に対応することが必要である。

　いじめは，その子ども同士の問題だけではなく，クラスや部活という集団システム内の問題だからである。いじめる子といじめられる子だけではなく，いじめを傍観する子，さらに担任や部活担当者を含めて解決するべき問題である。

　同様に，学校全体で対応するときも，学校内だけで収めようとするの

ではなく，いじめの解決とその後の予防に向けた外部の意見をできるだけ取り入れるようにすることである。そうした学校システム全体の修正が，クラスや部活といったサブシステムとその中の子どもの関係性の修復につながる。いじめ問題の対応においては，内々で対応するのではなくできるだけ外との"風通し"をよくすることがポイントになる。

（2）"悪者探し"をせずに事実を把握する

いじめの相談があった場合，いじめられた子，周囲の子どもたち，保護者などから個別に聞き取りを行うなど，実態の把握に努めなければならない。その際，いじめの調査で陥りやすいことは，悪者探しを始めかねないことである。誰から聴取をするにしても，事実を調査する際には，4W1H（いつ，どこで，だれが，なにを，どのように）をニュートラルに正確に把握することである。そうした事実の調査と，いじめかどうかの評価は別段階である。

最初から，いじめの張本人を探り出そうとするような悪者探しをすると，子どもたちは口を閉ざしてしまう。話の内容に悪質なことがあっても説教を挟んだり，叱ったりせずに，最後まで真剣に聞くことが大切である。

いじめた子は事実をなかなか語らないのではないかと思われるかもしれないが，子どもたちは教師など大人に対して信頼感と安心感をもつと，正直に話し自分の内に溜まっていたさまざまな感情，気持ち，思いを吐き出すように語ってくれる。その他，いじめの調査においては，スクールカウンセラーの協力を得るなど，適切な調査チームを構成し，正確な事実を把握すると共に，いじめの調査で子どもたちを傷つけないように配慮しなければならない。

（3）いじめられる子といじめる子の同時ケア

　いくら適切に調査して対応しても，いじめが続いたり陰で行われたりすることがある。いじめによる自殺という取り返しのつかない事態を招いている現状からすれば，いじめる子を出席停止したり警察と連携した対応を取ったりするなどの法的なアプローチをせざるを得ないこともある。

　しかしその際，いじめる子をただ監視したり，懲戒として罰を与えるだけのような対応は，さらに執拗で陰湿な問題を引き起こすことになりかねない。いじめなどの問題を起こす子どもは必ずといっていいほど，それまでに被害的な経験をしている。そうした視点から，いじめた子は何らかのストレスにさらされていないか，本人や保護者の話を十分に聴き，特に家庭での生活状況に注意する必要がある。そして，出席停止や警察の関与といった法的アプローチをするときには，それと同等なケアのための臨床的アプローチを十分に施さなければならない。

　臨床的アプローチの基本は一人ひとりの子どもを支えることである。いじめ問題をいじめた子―いじめられた子に二分して，いじめられた子だけを守り，いじめた子のケアを疎かにするような対応は問題の解決にはつながらず，早晩，より深刻ないじめが起きてしまう。したがって，援助者に求められることは，いじめられた子をしっかりと守りながら，いじめた子も同時にケアすることで，子ども集団のシステムを修復することが要点になる。

（4）関係機関との連携

　学校が関係機関と連携する際に留意しなければならないことは，いじめた子を関係機関に引き渡して終わりにするような対応はいけない。たとえば，児童相談所との連携を失敗しやすい学校の場合，いじめた子の

指導を児童相談所に引き継いで済まそうとする傾向がある。

　児童相談所と連携しながら，学校でいじめた子を指導する時はもとより，もしいじめた子が施設に収容された場合でも，教師はそれ以前よりその子との関わりを緊密にしなければならない。そうした学校の包容力が必要である。児童相談所であれば児童福祉司，いじめが犯罪の域になり家庭裁判所に係属した場合は家裁調査官，と連携を保ちながら，いじめた子に引き続き関与することが大切である。こうした対応は，結果的にいじめた子が施設に入所したり転校したりしたとしても，その子の立ち直りによい影響を及ぼし，いじめ問題で歪んだ子ども集団と学校の再生にもつながる。

　また，いじめに限らずさまざまな子どもたちとその家族に対応する現場の教師自体が逼迫した状態にある。個々の教師も援助の対象者であるとさえ言える。もはや個々の教師や学校だけでいじめ問題に対応することは困難で共倒れになりかねない状況だ。だからこそ，関係機関と連携して協力しながら問題解決に臨む姿勢が重要になるのである。

おわりに

　いじめが犯罪の域に陥った時はもちろん，いじめの繰り返しや過激な行為を阻止して被害児を守るための危機介入として，法を行使するのもやむを得ない。しかし，ただ単に強制や罰を背後にした介入を行うことは，子どもたちに屈辱感を伴う従属体験を及ぼし，自主性や自尊心を失わせる。

　法化社会がいっそう強まる昨今だからこそ，教育や臨床の原則である“一人ひとりの子どもにしっかりと向き合い丸ごと関わること”を通して，すべての子どもたちを支えるという基本を堅持することが重要であ

る。そうした関係性を通して，子どもたちは総体としての生身の人間と
人間関係を獲得していく。それこそがいじめを防ぐ最も効果的な手立て
である。

引用・参考文献

廣井亮一（2018）「いじめ防止対策推進法」を考える．児童心理．NO.1057.97‐101.
　金子書房．

廣井亮一・中川利彦・児島達美・水町勇一郎（2019）心理職・援助者のための法と
　臨床―家族・学校・職場を支える基礎知識．有斐閣．

警察庁（2017）平成28年中における少年の補導及び保護の概況．

文部科学省国立教育政策研究所（2013）いじめに備える基礎知識．

文部科学省（2013）いじめ防止等のための基本的な方針．

文部科学省（2017a）平成28年度児童生徒の問題行動等生徒指導上の諸問題に関す
　る調査．

文部科学省（2017b）「いじめの防止等のための基本的な方針」及び「いじめの重大
　事態の調査に関するガイドライン」の策定について（通知）．

坂田真穂（2012）いじめる子．廣井亮一編．加害者臨床．日本評論社．

5 | 犯罪者・非行少年の更生に関わる専門家

《目標＆ポイント》
・犯罪者や非行少年の更生に関わるさまざまな専門家とその関与の方法を知る。
・非行少年の更生の要点を「補導委託による試験観察」の事例を通して具体的に理解する。
《キーワード》 法律事務所，警察，刑務所，家庭裁判所，試験観察，補導委託

はじめに

　第1章の冒頭で，犯罪心理学に関する司法の諸手続として，警察，地方裁判所，家庭裁判所，刑務所，少年院などがあることを述べた。司法における犯罪者・非行少年の更生に関わる専門家としては，家庭裁判所の家庭裁判所調査官，保護観察所の保護観察官と保護司，少年院の法務教官，などがよく知られている。そこでこの章では，あまり知られていない，法律事務所の臨床心理士・公認心理師の活動，警察における被害者支援と犯罪者対策，官民協働刑務所での臨床心理士・公認心理師の受刑者処遇，家庭裁判所の試験観察における少年の補導委託，を紹介する。

1．法律事務所の臨床心理士・公認心理師の活動

　法律事務所における臨床心理士・公認心理師の活動を紹介する。従来，弁護士の活動に応じた臨床心理士の部分的な関与は行われていたが，近年，法律事務所に臨床心理士・公認心理師を正規スタッフとして位置づけ，刑事・民事事件，少年・家事事件に関与するようになった。以下は，法と心理学会第12回大会の廣井亮一企画ワークショップ「司法臨床の展開（第一報）―弁護士と臨床心理士の協働」（2011）における法律事務所の臨床心理士・河野聖子氏の発表要旨である。

（1）協働の領域

　法律事務所でのワンストップのサービスとして，社会福祉士，精神保健福祉士，などとの連携が考えられるが，さらに心理臨床的アプローチのためには，臨床心理士の関与が必要である。

　司法領域に必要な心理臨床的関与としては，当事者の精神的ストレスの多い紛争分野として，離婚，相続，交通事故，多重債務，労働事件などがある。また，精神的問題を抱えた相談者の対応などもある。弁護士との協働の主な分野は，離婚・親権，児童虐待などの家事事件。少年非行，いじめなどの少年事件。労災事件，生活保護事件，多重債務事件，などの民事事件や成人の刑事事件が挙げられる。

（2）協働の内容
①　離婚・親権事件での協働

　離婚・親権事件では，その紛争によって精神的ストレスを抱えている当事者が多い。具体的な対応としては，相談段階から臨床心理士が立ち会い，精神的問題を把握している。精神的問題があると認められるケー

スでは，受任後も臨床心理士が連絡調整なども行い，ストレスに配慮した対応をしている。当事者本人の希望によっては，個別にカウンセリングを実施することもある。また，離婚における親権の問題や面会交流に関しては，親の養育能力や子どもとの関係，臨床心理士による子どもとの面談・観察の結果を意見書にまとめて家庭裁判所へ提出している。

② 労災事件・労働事件での協働

　過労うつ事件においては，当事者本人が労災申請や損害賠償請求を行うこと自体が困難な状況であるため，臨床心理士による適切な援助が必要になる。パワハラ・セクハラなど職場における人間関係を背景にして，うつ病に罹患しているケースもあり，臨床心理士のフォローが必要である。また，労働審判・訴訟においては，雇用者側と対峙する構図となることから，依頼者は非常に強いストレスを受けるため精神面的支援が必要であり，事件解決が長期化する場合，うつ病など予後への配慮も求められる。

③ 多重債務事件での協働

　サラ金・ヤミ金からの執拗な取り立てによる恐怖や，自己破産等の手続過程での裁判所との対応やスティグマによる不安，などにも関わっている。多重債務者の中には，廃業，失業，自宅や家族を失う等の喪失体験による絶望感から，自殺企図の可能性もあるため予防が必要になる。さらに，多重債務者には，ギャンブル，ショッピング等への依存症などのアディクションに関する問題を抱えている者も多い。再び多重債務に陥らないように，心理検査やカウンセリングを施行して，医療機関やギャンブル依存症の自助グループ等につないでいる。

④ 刑事事件・少年事件における協働

　知能検査・認知症検査・性格検査等を実施して，刑事事件では，知的障害，認知症の可能性の判断とパーソナリティ傾向の把握をしている。

少年事件では，発達障害の可能性の判断などを行っている。さらに，釈放後のフォローや，刑務所出所後の社会復帰のための職業適性検査等も実施している。

2. 警察におけるストーカー対応

　警察の職務は，犯罪捜査や防犯が基本であるが，ストーカー事件などでは加害者に対して関係機関と連携しながら臨床的関与をしている。以下は，法と心理学会第18回大会の廣井亮一企画ワークショップ「ストーカー対応の現状と課題―司法臨床の展開（第五報）」（2017）の各警察官の発表要旨である。

（1） 警察におけるストーカー事案への対応（警察庁　篠崎真佐子）

　近年，ストーカー事案の相談等件数は高水準となっている。最近のスマートフォンの急速な普及やSNS利用の広がり等から事案の態様が多様化しており，警察においてこれらの事案を認知した場合に，如何に対応していくかが課題となっている。警察においては，これらの状況を踏まえ，関係機関等との連携を図りつつストーカー事案への対応を強化している。

① 人身安全関連事案としての組織的な対処

　ストーカー事案等は，認知した段階では被害者等に危害が加えられる危険性やその切迫性を正確に判断することが困難である一方，事態が急展開して重大事件に発展するおそれがある。警察では，これらの事案を「人身安全関連事案」と位置づけ，事案の認知の段階から対処に至るまで，警察本部が確実に関与して対応すると共に，被害者の保護や加害者に対する検挙等の措置を積極的に行っている。

② 被害者の安全確保

　警察においてストーカー事案の被害者からの相談等を受理した際には，警察や関係機関等が執り得る措置等を説明したうえで，被害者の意思決定を支援している。また，被害者の状況に応じて，一時的な避難を促すほか，その身辺を警戒したり，緊急通報装置等の資機材を貸与したりするなど，被害者の安全確保を図っている。

③ 加害者への対応

　ストーカー事案の加害者に対しては，被害者等に危害が加えられる危険性等に応じて，第一義的に検挙措置等による加害行為の防止を図ることにしている。また，刑事事件として立件することが困難と認められる場合であっても，被害者等に危害が及ぶおそれがある事案については，加害者に対する事情聴取や指導・警告を行うことにしている。ストーカー加害者の中には，検挙等されたにもかかわらず，その後もつきまとい等を繰り返す者がいるため，地域精神科医療等との連携を促進している。

（2）ストーカー事案再発防止研究会の設立と京都府警察の取組み（京都府警　西田勝志）

　京都府警察本部では，2016（平成28）年に多機関連携の「ストーカー事案再発防止研究会」を設置して，ストーカー事案の再発防止及び未然防止に向けた諸対策を研究している。その結果，ストーカーの被害相談から加害の再発防止に至るまで関係機関と連携した切れ目のない対策を行うワンストップ型の「京都ストーカー相談支援センター」を設置した。センターは2017（平成29）年11月に運用を開始し，被害者，加害者及びその家族等を対象にしたストーカー専門相談（電話相談，面接相談及びカウンセリング）を行うほか，研究会での連携を活かした関係機関

等との連携調整機能，被害者にも加害者にもならないための各種広報啓発活動を実施している。

3. 官民協働刑務所における　臨床心理士・公認心理師の活動

　島根あさひ社会復帰促進センター（島根県浜田市）は，PFI方式（公共施設建設とその運営を民間の資金とそのノウハウによって行う方式）を用いた官民協働刑務所であり，刑務官などの公務員と民間職員によって運営されている。以下は，臨床心理士・公認心理師としてセンターの社会復帰支援員をしている下郷大輔氏による立命館大学での講演（2018）の要約である。

（1）島根あさひ社会復帰促進センターの特徴
　島根あさひ社会復帰促進センターは，犯罪傾向の進んでいない成人男性受刑者を対象としている。既存刑務所との大きな違いとして，改善指導と呼ばれる教育プログラムが充実していること，近代的な個室と共有のホールを生活空間としていることの2点が挙げられる。
　心理士が担う仕事は，センター入所者への入所時面接と受刑期間中の改善指導の実施が挙げられる。改善指導はグループワーク形式で行われ，心理士はそのグループをファシリテートする。改善指導は，全受刑者に対する「再犯防止の基礎や償い」，薬物，性犯罪，暴力事犯など各種事犯ごとの対象者に対する再犯防止策，就労支援，家族への定着など社会復帰に必要な知識，スキルなど多岐にわたる。

（2）刑務所と病院の違い

　刑務所と医療現場では心理士を取り巻く環境にいくつかの違いがある。病院は患者の問題や症状に対して症状の改善が求められる場所であるが，刑事施設は加害者を社会から切り離し，再犯の可能性がないよう改善更生に努めさせる場である。協働する職種も，病院では医師や看護師であるのに対し，刑務所では刑務官である。

　病院の対象者は，精神的もしくは精神的な問題による身体症状であり，患者との治療的関係が築きやすい。関わりの終了は患者の症状が軽快，あるいは緩解し，患者が治療の必要性がなくなった段階である。刑務所における対象者は，変化を望んでおらず，強制的に刑務所に送られている者である。心理士との関わりの必要性を望んでいることはほぼない。関わりの終了も，刑期が終了すればどのような状態であれそれ以降の関わりをもつことはできない。

（3）司法における心理臨床

①　積極的に関わりを求めない受刑者とどのように関わるのか

　刑務所における心理士の介入の対象は受刑者であり，彼らは刑の執行のために刑事施設に収容されているため，医療現場などと違い問題の自覚はなく，積極的な支援を求めていない。また，管理される側の立場であるため，管理する側の職員への不満や不信を強くもっている場合が多い。

　それゆえ，心理士としての基本である，彼らを一個人として認識し，尊重して接することが重要である。その対応が彼らとのラポールの形成を促進させる。さらに，そうした信頼関係ができると，彼らはこれまで語ることがなかった自身の過去や，現在抱えている問題について語ることが多くなる。

　その一方で，彼らは問題を行動化しがちな面があり心理的な否認を多く使うため，それに根気良く対応しながらも，彼らが負うべき責任について共に考えていくのである。その結果，彼ら自身に問題の自覚も生まれ，主体的に自身の問題に向き合うようになる。このような流れを作ることが，刑務所における心理士の一つの役割である。

4. 家庭裁判所の試験観察における補導委託の実際

（１）家庭裁判所と家庭裁判所調査官

　家庭裁判所は，行政機関であった少年審判所と地方裁判所の支部であった家事審判所を併合して1949(昭和24)年に創設された。少年非行や家族紛争の解決に特化した「子どもと家族のための裁判所」である。その目的のために，少年事件と家事事件の一連の手続に心理学，社会学，社会福祉学，教育学などの人間諸科学による臨床的性格を付与した（少年法9条，家事事件手続法44条）。司法機関である家庭裁判所に，法による規範的解決に加えて，臨床による実体的解決を目指したからである。

　そうした理念を具現するために，1954(昭和29)年に家庭裁判所調査官（以下，家裁調査官）という人間諸科学の専門家を家庭裁判所の主要なスタッフとして位置づけた。非行や虐待など子どもと家族の問題解決のためには，法的機能と臨床的機能の両者―すなわち「司法臨床」の機能を必要とするからである。

　家庭裁判所は，家裁調査官による臨床的機能を取り込むことによって，事件や紛争としての「行為」だけではなく，その水面下にある「人」や「人間関係」という大きな塊を視野に入れることになった。ただし，非行少年の更生の援助や家族の紛争を解決するといっても，家庭裁判所

は矯正施設ではないし，クリニックでの治療やカウンセリングを行う場でもない。あくまでも家庭裁判所は裁判所として，少年事件においては少年法に基づいて非行少年の処分を決定し，家事事件においては家事事件手続法に基づいて事案を審理判断して，それぞれ最終的な司法判断を下すことが求められるのである。

　このような司法のプロセスにおいて，少年や家族の問題解決を援助するという臨床的な機能を展開することが，家庭裁判所の最も大きな特徴である。したがって，家庭裁判所では法的機能と臨床的機能を別々に作用させるのではなく，家裁調査官がその両者を架橋して限りなく交差させることで浮かび上がる機能によって，少年と家族の問題を理解し適切な解決に導いていく必要がある。その高次の機能を「司法臨床」と呼ぶ（詳細は第10章を参照）。

（2）家庭裁判所と少年事件

　家庭裁判所の少年事件の対象となる非行少年は，警察で補導や逮捕され取り調べを受けて検察庁での立件などの法的手続を経て，少年事件として「法律記録」と共に家庭裁判所に送致される。「法律記録」とは，非行事実，供述調書などがとじられた書類で，その名が示すように少年が罪を犯したことを，法律の構成要件に従って証明するための記録である。それをもとに，裁判官が法的観点から少年の有責性と可罰性を評価する。

　このような司法過程では，少年の行為が非行に関する事実に焦点化され，法的観点からの抽象化と単純化がなされる。その結果，生活者としての少年全体，少年を取り巻くさまざまな人間関係など，いわば「生身の少年」の大部分が削ぎ落とされてしまう。少年を法の俎上に載せるために，法の部分に還元しているのである。

　それゆえ，家裁調査官による調査では，法の作用によって不可避的に生じる「少年の部分化」から，家族，学校，職場などの関係性に位置づけた「総体としての生身の少年」を喚び起こすことだとも言えよう。前記の下郷氏が受刑者を「一個人として認識し，尊重して接すること」の重要性を指摘することと同義である。また，立命館大学の廣井ゼミ出身者で女子少年院の法務教官は，「少年院で少年たちが人として大切にされる経験をし，信頼できる法務教官などの大人と出会い，全人格で関わり合うことが少年たちの立ち直りにつながる」と述べている。

　以上のような家裁調査官の調査の特徴を最も反映した制度が「試験観察」である。試験観察とは少年法25条によるもので，少年の処分の決定を保留して，試験観察の期間中に少年と家族に援助を実施して，その結果をもとにして最終処分を決定するのである。

　試験観察の方法には，少年を自宅に戻して家族や学校，職場と協力しながら，家裁調査官によるカウンセリングやソーシャルワーク的関与を実施する方法（在宅試験観察）と，民間の個人や団体に少年の補導を委託する方法（補導委託による試験観察）がある。補導委託の場合，少年を受託者の家庭や職場などに住み込ませて，受託者に指導をしてもらう方法が一般的で，家庭裁判所が認定した補導委託先は各都道府県に数箇所ある。

　非行少年で地域の不良グループや暴走族との付き合いが続いている場合や，少年による親への暴力，逆に親による虐待など，すぐに家庭に戻すことが困難な場合などに，補導委託による試験観察を実施することが多い。

　次の補導委託による試験観察の事例がここまで述べた，非行少年の更生の要点である「総体としての生身の少年」を喚び起こすことをよく表しているので，少々長くなるが紹介する。（廣井，2012a）

（3）補導委託による試験観察（下線を施した箇所が更生の要点である）

① Ｅ男の事例

　傷害事件で少年鑑別所に収容されたＥ男は，小学生のときに家庭で虐待を受けていたことが非行の原因になっていた。少年審判で補導委託による試験観察に決定された。

　家裁調査官はＥ男の補導委託先を他県の山奥にある茶畑農家にした。補導委託先の家族は，4世代家族で，曾祖母，祖父母，父母，子ども（小学生）3人，の8人と犬1匹，猫2匹，という大家族である。

　山奥の委託先を選んだのは，Ｅ男と地域の不良グループとの付き合いを解消させる狙いもあったが，それ以上に，<u>きれいな水，おいしい空気，豊かな自然の中で大家族と生活</u>をしてほしかったからである。幼少期から虐待され続け，家庭内での安定した関係を結ぶことのできなかったＥ男に，<u>家族の関係を体験</u>してもらおうと思ったのである。

　その委託先の主人は，祖父母の代から非行少年たちを何人も受け入れて更生させた実績があるベテランである。その家族は皆，少年たちが何の事件を起こしたのか，どのような非行性があるのかという，<u>少年たちの過去と否定的な面を一切問わない。少年を「にいちゃん」と呼ぶだけで，分け隔てなく家族の一員として接している。</u>

　少年の居室は4畳半の一間であるが，少年鑑別所や少年院のように鍵がかかるわけでもない。逃げようと思えばいつでも逃げられる。その受託者は厳しい規則を決めるわけでもなく，少年には，<u>きちんとあいさつをすることと，時間を守ることだけを教えるだけで，それ以外はすべて少年の自主性に任せ</u>ている。

　Ｅ男は，泥まみれになって茶畑を耕し，折々の野菜を大切に収穫した。<u>仕事を失敗しても叱られることはなく，丁寧に教えてもらったが，遅刻をしたりあいさつを忘れたりしたときはきつく注意された。</u>休日には，

家族の小学生たちと一緒に野山を駆け巡り，虫や魚を獲ったりして遊んだ。Ｅ男は，どんなテレビ・ゲームよりそれが面白かったと振り返った。

Ｅ男は，今の自分をありのままに受け容れてくれる受託者と家族を信頼し，家族の一員として溶け込んでいった。すねたり甘えたりするという，今までのＥ男がみせたことのない態度も家族に示すようにもなった。

補導委託から1ヵ月後に家裁調査官が委託先を訪問したときには，Ｅ男は，真っ黒に日焼けし，ふっくらとして穏やかな表情になっていた。1ヵ月間の出来事について目を輝かせながら語るＥ男は，まるで小学生のように無邪気で生き生きとしていた。今までＥ男が生きることができなかった，「家族」と「里山」という大切な空間と時間の中で，Ｅ男は確実に癒されていた。

②　非行少年たちの「居場所」

矯正教育の場である少年院は，有刺鉄線を張り巡らした塀や壁で囲まれ，鉄格子の窓や鍵がかかる施設である。少年たちは朝から夜まで細かな規則に基づいた集団生活を教官の指示に従って励行することが定められている。

それに対して補導委託先は，農家の他に工場や商店などさまざまであるが，いずれも普通の民家や住み込み先と同じである。もちろん少年たちには酒やたばこは禁止で，門限はあるが，細かな規則が定められているわけではない。少年たちは逃げようと思えばいつでも逃げることができる。

少年院は，収容教育することが必要であると判断された非行少年に対する保護処分であり，補導委託による試験観察は，そうした保護処分の必要があるかどうかを見極めるための中間処分という違いはある。受託

者の家族やその地域に危害を加えたりするおそれのある少年を補導委託
にすることはない。

　そうしたことを前提にしても，今後，補導委託のような処遇が最終処
分になることが望まれる。つまり，非行少年たちの援助にとって必要な
ことは，E男の委託先のように，少年の過去を問わず，今ある少年をそ
のまま“素”の状態で受け止める力量である。それだけに，非行少年た
ちに関わる人たちには，“少年たちを信じることと希望を託すこと”の
包容力が試されることになる。このことは，非行少年の援助に関わるす
べての大人が忘れてはならないことである。

　現在の日本社会は，非行少年や問題児と言われる子どもたちに対し
て，単に「罰」で臨んだり，排除しようとしたりするだけの，包容力の
ない社会に堕落していると思う。

　E男のように，ありのままの自分を他者との関係の中で素直に表現し
ながら，子どもとしての時間と空間を再び生きることが，非行少年には
必要なのである。要は，細かな禁止事項で少年たちを縛りつけるのでは
なく，大枠を設定して，できる限り少年たちの主体性を尊重して，行動
の選択肢を広げてやることが，非行少年に対する援助の秘訣である。

③　事例のエピローグ
　E男の補導委託はその後も順調に経過した。4ヵ月目に家裁調査官が
委託先を訪問したときは，E男の体格はひと回り大きくなっていた。タ
オルを頭にまいて長靴姿のE男は農作業もすっかり板についていた。

　試験観察決定の半年後に補導委託を終えるときに，E男はこのまま受
託者の家族のもとで働きたいと言い張った。受託者の家族と別れるとき
は，大泣きをしたという。

　E男の最終審判には，受託者が立ち会ってくれた。E男は受託者から

贈られたスーツと曲がったネクタイ姿で審判に臨んだ。裁判官から補導委託中のがんばりを褒められて，照れ笑いをしていたE男の目からぽろぽろと涙がこぼれ落ちた。

　E男の最終処分は保護観察に決定され，E男は自宅に戻らず，受託者から紹介された他県の牧場で働くことになった。

引用・参考文献

廣井亮一（2012a）カウンセラーのための法と臨床―離婚，虐待，非行の問題解決に向けて．金子書房．

廣井亮一（2012b）司法臨床入門―家裁調査官のアプローチ 第2版．日本評論社．

Ⅱ部

6 │ 家庭事件と司法

《目標＆ポイント》
・夫婦関係，親子関係，親族関係の問題に対する司法の関与について，家庭裁判所の家事事件をもとに理解する。
・家庭の紛争や問題解決のために，なぜ法と臨床のアプローチが必要なのか考える。
・憲法はわが国の家族にどのようなことを要請しているのか，家族法をもとに考える。

《キーワード》　日本国憲法，家族法，家庭裁判所，家事事件

はじめに

　公認心理師の司法・犯罪心理学分野で要請されている法規や制度の1つに家庭紛争事件に関するものが挙げられている。司法における犯罪分野に関する法規や制度は紹介されることが多いが，司法における家庭紛争事件についてはあまり知られていない。この章では，家庭や家族の紛争を扱う家庭裁判所の家事事件を取り上げて，家庭紛争事件に対する司法による関与を解説する。

1. 家庭事件における法と臨床の必要性

（1）法と臨床の関与

　すでに社会問題となって久しい児童虐待やドメスティック・バイオレン

ス（DV）と共に，少子化の現状を反映した，離婚に伴う子どもの奪い合い，高齢社会における老親の虐待や扶養をめぐる争いは，わが国の深刻な家族の問題になっている。

　家族の問題や紛争は，離婚やDVが夫婦関係，虐待や扶養問題が親子関係，遺産相続争いが親族関係という，それぞれの関係の歪みによって生じる。ただし，そうした家族関係の歪み自体が家庭裁判所に申し立てられるのではなく，離婚，親権，養育費，財産分与，遺産分割，などの法としての問題として提示される。

　このように，家族の問題は関係の歪みのメタファーとして，子ども，金，物などの争いを通して立ち上がることが特徴である。それゆえ，そうした家族の紛争解決のためには，親権，養育費，財産など法に焦点化したアプローチと同時に，その水面下にある関係の歪みに臨床的アプローチをしなければならない。このことが，子どもと家族に関する問題に，法と臨床による関与が求められる理由である。

（2）家族法

　家族の問題解決に1つの基準を示すものが家族に関する法律である。通常，我々が「家族法」と呼んでいる法律は，少年法や児童福祉法などのように法体系としてまとめられたものではなく，民法の第4編親族と第5編相続の項目である，婚姻，親子，親権，扶養，後見などに関する夫婦関係，親子関係，親族関係についての法の諸部分の規定である。

　法的アプローチの効用としては，法に基づけば誰もが同じ原則に基づきながら問題解決がなされるという公正性，信頼性を担保できる。このことは特に対立する紛争当事者に関わる際に重要である。また，家庭裁判所で成立した調停条項は確定判決と同一の効力があり，調停条項の不履行の場合は履行勧告や事案に応じて間接強制，直接強制が可能に

なる。

　それでは，家族の問題を法によるアプローチだけで解決することができるかと言えば，いうまでもなく限界がある。

　たとえば，子の親権者をめぐる争いなどでは，父親と母親双方の経済力，子と過ごすことができる時間，養育のための諸環境など，客観的な法的事項をどれだけ集めてもそれだけでは両親のどちらが親権者として適切であるかを判断することはできない。それと同時に重要なことは，親子の愛情とはどのようなことか，何をもって子の最善の利益とみるのかといった，関係性の原点に関わることや時と共に変化する人間関係などをいかに捉えるかということである。

　また，法による判断がいかに正義にかなう正論だとしても，それが実体的な解決に結びつくとは限らない。家族に限らず，人と人との紛争には，恨み，つらみ，嫉妬，というやっかいな感情や情念がつきまとうからである。法が規範や強制力を誇示すればするほど，逆に人は感情にしがみついて動かなくなることがある。

　このような心理臨床的事柄の把握や「人」と「人との関係」へのアプローチに，臨床による関与が求められるのである。

2. 家族臨床における家族法

（1）例題－老親の扶養義務者

　では，臨床的アプローチを志向する者にとって，家族に関する法の必要性はどのようなことであろうか。老親の扶養に関する相談を受ける立場になって，次の例題を考えてほしい。

　「寝たきりのＡさん（78歳）の扶養義務を法的に負っている者を，図1から全員挙げなさい。」

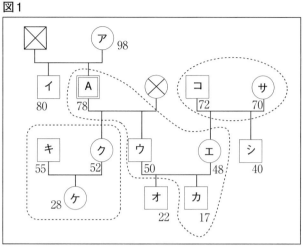

図1

（出典：廣井・中川，2010．p.4を一部修正）

　例題でＡの扶養義務を当然に負っている者は，ア，イ，ウ，ク，ケ，オ，カである。民法の規定では，直系血族及び兄弟姉妹はお互いに扶養の義務を負い（民877条1項），これらの者を除く三親等内の親族間では，家庭裁判所が特別な事情があると認め，扶養義務を課することを決定したときに初めて扶養義務者となる（同条2項）。

　したがって，Ａと同居をしているウの妻エは，家庭裁判所で決定されなければ扶養義務者とならない。なお，扶養義務を負っているウ，クさえも，Ａの子だからといって直ちに扶養する必要はない。ウ，クにＡを扶養する余力があればという条件つきである。

　このような扶養に関する法的知識がないと，Ａと同居しているウの妻エも扶養義務を負っていると思い込んで相談を受けた場合，誤った助言をしてしまいかねない。

　さらに，そもそも「扶養」とは何のことかを知らないと，「介護」と

混同しかねない。「扶養」（民877条）とは，生活費を負担することである。食事・入浴・排泄など身の回りの世話をするという介護（労働）は含まない。

　それではAの介護義務者は誰かというと，介護（労働）義務者は法で定めていない。あえて言えば，Aの身の回りの世話をするという介護労働は，扶養義務者が介護費用を支払って介護サービスなどの手配をするということになる。

（2）憲法の要請

　以上のような扶養に関する法律を初めて知った者からすれば，民法は老人に冷酷でわが国の家族の実態を無視した法律だと驚かれるかもしれない。しかし，明治民法の家制度下では，家の跡継の長男が親と同居し，その「嫁」が介護を背負わされるなど，さまざまな面で女性が家族の犠牲になっていた。戦後，憲法は，「両性の合意による結婚」「同等の権利を有する夫婦」「相互の協力」から成り（憲法24条1項），「個人の尊厳」と「両性の本質的平等」に基づくこと（憲法24条2項）を要請した。

　そうであれば，少なくとも家族の問題について援助を求められた場合には，女性など特定の家族成員が犠牲になったり，家族全体が疲弊したりするようなことがあってはならない。ただし，それは家族をステレオタイプに捉えて，多様な家族のあり方を否定することではない。異なる個性をもつ人間同士が共通の場で生活することを保障するために法があるように，さまざまな家族が「家族」であり続けるために，家族に関する法が定められているのである。その意味で，法は家族臨床の拠り所となるべきものであると言えよう。

　また，児童虐待で子どもの命に関わる時や，DVの夫から妻が緊急避

難する時など，危機介入には法の強制力が必要になる。その際に，どのような要件が必要になるのか，そしてどのような緊急対応がなされるのかなどについて知らなければならない。したがって，家族の問題解決のためには，家族関係に関与する「臨床」と，具体的な問題に焦点化する「法」の両側面からのアプローチが必要になるのである。

3. 家庭裁判所の家事事件

　家庭裁判所の家事事件については，その事件の性質に応じて，家事審判，家事調停という手続が用意されている（図6-1参照）。家事審判と家事調停の違いを平易に言えば，家事審判は主に裁判官が事件について審理して司法判断を下す手続であり，家事調停は調停委員を介して当事者同士の話し合いによる解決を目指す手続である。つまり，家事審判の手続が求められるような家族の事件・紛争については法が主導となり，家事調停の手続が求められるような家族の事件・紛争については臨床的アプローチが必要だ，ということになる。

　たとえば，審判手続による家事事件としては，後見人選任，養子縁組などがある。国家の後見的作用，公益的見地に基づいて，裁判所が法に照らして判断することが必要な事件である。この種の事件については当事者の交渉や合意に委ねることができないので，調停という話し合いの手続にはなじまない。

　児童虐待で子どもの保護が必要になる時に申し立てられる「児童の福祉施設収容の許可事件」も審判事件である。ただし，親と子を強制的に引き離すためには，法による力だけを行使するのではなく，将来の親子関係の再構築を見据えた臨床的アプローチが必要になる。同様に，後見人選任や養子縁組などの場合でも，事件の内実に金銭的問題などが絡む

90

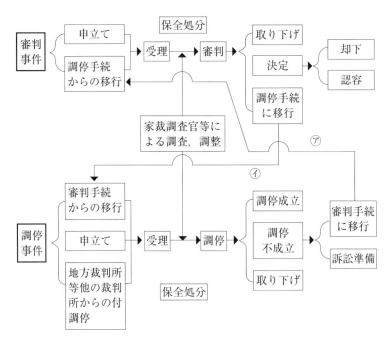

図6-1　家事調停と家事審判の流れ（廣井，2012．p.15一部修正）

場合，当事者に調整的な関与が必要になることもある。

　親権者の指定・変更，子の引渡，面会交流，などの紛争は，当事者間の対立が激しく，家族の紛争の中でも最も解決が困難な事件になる。その解決のために，この種の事件はまず調停手続による話し合いから開始するが（調停前置主義），どの段階でも審判手続と調停手続のいずれでも柔軟に対応できるようになっている（図6-1の⑦，④）。それは法と臨床の協働による適切な解決を目指すためである。

　離婚事件は家事事件の中でも最も件数が多い。離婚問題も話し合いによる離婚調停の手続から開始する。離婚調停が不成立になった場合は，離婚を望む側は離婚原因（第8章1-③参照）がある場合に改めて家庭

裁判所で離婚訴訟（裁判）をすることになる。しかし離婚問題はできるだけ調停の段階で解決することが望ましい。それは，離婚などの夫婦関係の争いは不合理的な点が多分に含まれており，離婚裁判で夫婦関係の破綻の原因を争っても，どちらに原因があるか割り切ることができず，相手の非や欠点をあげつらう応酬がエスカレートすることになりかねないからである。その結果，当事者双方共に傷つき，子どもの親権などの問題が絡む場合，子どもにも悪影響を与えてしまいかねない。

　家裁調査官は，このような審判事件，調停事件のいずれにも関与するが，全事件に関与するというわけではない。裁判官や調停委員から要請される調査の内容や関与の方法は，事件の種類，紛争の程度に応じて異なる。ただし，家裁調査官にはいずれの調査や関与においても，法の目的に沿いながら事件・紛争を適切な解決に導くための臨床的視点が必要になる。

4. 家族問題の３類型

（1）夫婦関係の問題

　３組に１組が離婚している現代の夫婦関係を反映して，家庭裁判所の家事調停で最も多いのが「夫婦関係調整事件」である。その申立ての趣旨のほとんどが離婚であり，申立て動機のトップが「性格が合わない」という夫婦関係の歪みである。

　申立て趣旨が離婚でも和合（円満調整）でも夫婦関係調整事件として受理する。それは調停の過程で夫婦の関係がどちらにも動いていくからである。

　夫婦関係の紛争では，関係の歪みや当事者の心的葛藤が焦点になるが，離婚問題がこじれると，金や物の争いさらには子どもの奪い合いの

問題が絡んでくることが多い。金や物と違って生身の子どもは分けることができない。そのため親同士が実力行使で子どもを奪い合うなど激しい紛争になり，子どもの心が深く傷ついていく。それゆえ，離婚に直面した家族の援助においては，離婚に伴う親権者の決定，養育費の取り決め，子どもの引き取り，面会交流の仕方，なども含めた適切な解決が必要になる。（詳細は第8章）

　たとえば，離婚に伴う慰謝料や財産分与の紛争では，ある金額まで出せば離婚に応じると主張するケースも少なくない。その提示された金額には離婚後の実生活の必要性によるものであるが，相手に対する憎しみや恨みを金に置き換えているものもある。

　したがって，カウンセリングなどの場面においても離婚に関する相談を受けたときは，養育費や財産分与に関する基礎的な法の知識が不可欠であり，離婚に直面したクライエントの実生活を抜きに相談に応じることはできない。一方，弁護士などの法律家が，金や物の背後に潜む人間の心理を読み解かずに，経済的利害得失に関する法律・判例だけで手続を進めてしまうと，紛争の解決が遅れたり複雑化してしまったりすることがある。

　なお，ドメスティック・バイオレンス（DV）の夫婦関係の問題においては，DV夫婦の共依存的な関係性，DV加害者の被害者的意識，DV被害者の加害者的意識，など心理臨床的な理解が必要不可欠になる。さらに，DV被害者に対しては，法による身体的安全（アドバイス・ガード）の確保と臨床による心理的ケア（メンタル・サポート）の両面が重要になる。

（2）親子関係の問題

　親子関係の紛争は，父−子関係，母−子関係に父−母の関係が絡み，

さらに子どもの人数によって関係の問題が錯綜することが特徴である。それだけに，親子関係の紛争解決の基本的視点は，「子どもの権利」と「子どもの最善の利益」であり，これを外すと適切な解決に至らない。

その判断基準として重要なことは，法的事実と心理臨床的事象という2つの側面を視野に入れなければならないことである。法的事実とは，たとえば親権者について判断する際の，父母の年齢，職業，収入，住居，子どもの年齢，性別，心身の発育，など客観的な資料に基づいて判断できる事実である。それに対して，心理臨床的事象とは，親と子どもとの関係性，将来に向けた相互の関係の安定性，など基本的には臨床感覚を拠り所とするものである。

7章で詳述するように，2018(平成30)年度に全国の児童相談所が対応した児童虐待の相談件数が約16万件で過去最多の件数を示した。児童虐待は，親（保護者）の子どもに対する加害行為であり，「虐待をする親（加害者）−虐待される子ども（被害者）」という関係図式が成り立つ。児童虐待防止法の制定以来，児童虐待に係る立入調査や警察の援助を可能にしている。

たしかに子どもの生命が危機にさらされるような緊急事態では警察官による対応が必要である。しかし，児童虐待に対してただ単に法的な力だけで対処して，親と子を強制的に引き離すだけの措置を講じるとすれば，虐待をする親はますます子どもにしがみつき，援助の手を拒み，逃げ隠れすることに終始しかねない。

それゆえ，そうした保護者の養育の仕方をつたない養育として捉えて，育児・子育てに福祉・臨床的なスタンスで援助することが必要である。その援助のプロセスで，虐待とされる行為を発見したり，緊急を要する危機介入が必要になれば，児童虐待防止法による法的介入を要請するという関わりが求められる。

（3）親族関係

　親族関係の紛争には，老親の扶養，高齢者虐待，遺産分割，など高齢者が関わる問題が多い。老親の扶養や財産をめぐって，成人した子同士が争うことになる。そのため，実際の扶養の負担や金銭の得失と共に，老親が親世代だった時の子どもの育て方，きょうだい間の葛藤など，過ぎ去った家族の関係性が表面化してくる。さらに旧民法の家制度的な意識が反映されやすいことも特徴的である。

　2006（平成18）年に高齢者虐待防止法が施行されたが，児童虐待防止法に比べて同法の認知度は低い。たとえば，この法律の正式な名称は，「高齢者虐待の防止，高齢者の養護者に対する支援等に関する法律」というが，在宅の高齢者であれば現に虐待を行っている家族員も高齢者の養護者として支援の対象として捉えるなど，家族臨床的な関わりを要求している。（7章を参照。）

　遺産分割の紛争はまさに親族関係の問題である。相続に関する条文は多く，遺言，特別受益，寄与分，といった法に関する専門的な知識が要求される。それだけに，弁護士などの法律の専門家との連携が必要になる。同時に，きょうだい間の激しい葛藤に対する臨床的アプローチが必要になる。

　遺産分割の紛争は，親族間の"骨肉の争い"に陥ることがあり，協議が整わないと審判が下されることになる。しかし金や物を法で分けることができても，その結果，親族関係がすべて崩壊してしまうことにもなりかねない。まさに，法と臨床の協働が不可欠な紛争である。

引用・参考文献

廣井亮一・中川利彦（2010）子どもと家族の法と臨床．金剛出版．

廣井亮一（2012）カウンセラーのための法と臨床―離婚・虐待・非行の問題解決に
　向けて．金子書房．

Ⅱ部

7 | 児童虐待と高齢者虐待

《目標＆ポイント》
・児童虐待とはどのような行為なのか，児童虐待防止法の定義を学ぶ。
・児童虐待に対する臨床・福祉的な対応を理解して援助できるようになる。
・高齢者虐待と児童虐待の対応の基本的な違いを理解する。
・高齢者虐待と介護問題について考える。
《キーワード》 児童虐待，児童虐待防止法，高齢者虐待，高齢者虐待防止法，家族臨床

Ⅰ 児童虐待

1．虐待と非行

　2018（平成30）年度に全国の児童相談所が対応した児童虐待の件数が15万9,850件（速報値）になり過去最多を更新した（図7-1）。

　少年非行と児童虐待が比例するように現代の社会問題となっているのは，けっして偶然ではないと思われる。事件の加害児としての非行少年と児童虐待の被虐待児は，加害と被害という相反する立場に置かれるが，両者には密接な関係がある。虐待された子どもたちは，成長に伴ってさまざまな症状や問題を示すことがあるが，非行も虐待が1つの原因となって思春期以降の問題行動として発現することがある。

　厚生労働省（2016）による平成27年度の「児童養護施設入所児童等調査結果」によれば，虐待を受けた経験のある児童は，情緒障害児施設

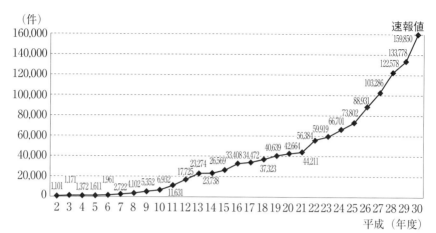

図7-1　児童相談所における児童虐待相談対応件数（厚生労働省，2018）

では71.2％にのぼる。非行傾向のある児童等が入所する児童自立支援施設では58.5％である。

　災害や事故などの衝撃が心の傷となり，その後にさまざまな症状をもたらすが，同様に虐待された子どもたちは，心に深い傷を負うことになる。虐待による心の傷は，日常生活の親子関係などで繰り返されて生じるため，その症状はより重くなる。そして非行として発現した場合，その対応は困難を極めることになる。

　たとえば，愛着障害は乳幼児期の長期にわたる虐待で，親との愛着が形成されなかったことを1つの原因として起きる障害である。その結果，衝動的，反抗的，破壊的な問題行動が見られるようになり，非行につながることがある。また，情愛や自尊心が欠如し他人とうまく関わることができず，特定の人との親密な関係が結べなくなる場合がある。

　本章では，まず少年非行に関係する児童虐待の問題を取り上げ，援助場面で児童虐待が疑われるときの対応，さらに福祉機関である児童相談

所，司法機関である家庭裁判所におけるそれぞれの関与について解説する。その次に高齢者虐待を取り上げる。

2. 児童虐待とは

（1）児童虐待防止法の目的

2000（平成12）年に制定された「児童虐待の防止に関する法律」（以下，「児童虐待防止法」という）をもとに児童虐待について説明する。児童虐待防止法1条に次のように同法の目的が提示されている。

第一条
　この法律は，児童虐待が児童の人権を著しく侵害し，その心身の成長及び人格の形成に重大な影響を与えるとともに，我が国における将来の世代の育成にも懸念を及ぼすことにかんがみ，児童に対する虐待の禁止，児童虐待の予防及び早期発見その他の児童虐待の防止に関する国及び地方公共団体の責務，児童虐待を受けた児童の保護及び自立の支援のための措置等を定めることにより，児童虐待の防止等に関する施策を促進し，もって児童の権利利益の擁護に資することを目的とする。

このように児童虐待防止法1条は，児童虐待は児童の「人権を著しく侵害し，その心身の成長及び人格の形成に重大な影響を与える」と明記している。

したがって，この条文から児童虐待を捉えれば，「児童虐待とは，未来を担う児童の健やかな発達（心身の成長と人格の形成）を阻害する行為」である，と解釈することができる。児童虐待を禁止して，予防と早期発見を要請しているのも，児童の人権と発達を保障するためである。

　このように理解すれば，虐待する親が「子どもをどうしつけるかは親の自由だ」と言った場合，「子どもの身体と心を傷つけ，健康な発達の妨げになる行為はしつけではなく，虐待にあたるから許されない」と毅然と言い返すことができる。

（2）児童虐待防止法による児童虐待の行為

　児童虐待防止法2条に児童虐待の行為が示されている。（【　】の表記は著者による。）

> 第二条　この法律において，「児童虐待」とは，保護者（親権を行う者，未成年後見人その他の者で，児童を現に監護するものをいう。以下同じ。）がその監護する児童（18歳に満たない者をいう。以下同じ。）について行う次に掲げる行為をいう。
> 　一　児童の身体に外傷が生じ，又は生じるおそれのある暴行を加えること。【身体的虐待】
> 　二　児童にわいせつな行為をすること又は児童をしてわいせつな行為をさせること。【性的虐待】
> 　三　児童の心身の正常な発達を妨げるような著しい減食又は長時間の放置，保護者以外の同居人による前二号又は次号に掲げる行為と同様の行為の放置その他の保護者としての監護を著しく怠ること。【ネグレクト】
> 　四　児童に対する著しい暴言又は著しく拒絶的な対応，児童が同居する家庭における配偶者に対する暴力（配偶者（婚姻の届出をしていないが，事実上婚姻関係と同様の事情にある者を含む。）の身体に対する不法な攻撃であって生命又は身体に危害を及ぼすもの及びこれに準ずる心身に有害な影響を及ぼす言動をいう。）その他の児童に著しい心理的外傷を与える言動を行うこと。【心理的虐待】

　心理的虐待に該当する具体的な行為としては，言葉による脅かし，脅迫，無視したり拒否したりすること，他のきょうだいと著しく差別すること，子どもの目の前でのドメスティック・バイオレンス（DV），などが挙げられるが，その結果として児童に著しい心的外傷を与えて，さまざまな症状や問題行動を及ぼすものである。心理的虐待は身体的・性的・ネグレクトによる虐待を含まず，かつ心理的虐待に関する保護者と児童との関連が確証できることなどを要件として限定的に捉える理解と，心理的虐待は心的外傷をもたらすものであるということから，心理的虐待をすべての児童虐待に通じるコアであるとする理解がある。

3. 児童虐待に対する臨床・福祉的対応の 基本的スタンス

　ここまで述べた児童虐待防止の目的と定義は，児童虐待防止法という法の基準である。児童相談所等が保護者の児童に対する行為をこの定義に該当すると判断することで，初めて法の作用として，行為の禁止などの法的介入が可能になるわけである。私たちには，児童虐待を受けたと思われる児童を（下線は著者による）発見したときは児童相談所等に通告しなければならない，という義務が課せられている。

　たしかに，2004（平成16）年以降虐待による死亡事例は毎年50件前後にのぼる。また，昨今増加し続けている心理的虐待は，早期発見や予防的介入が遅れやすく，児童が被る症状や障害が重篤になる。

　そのように考えると私たちには，法的観点による児童虐待の早期発見だけでなく，子どもの発達の観点から保護者の養育を視野に入れて，子育てに困っている親や家族を援助するという予防や教育的な関わりを行うことが求められる。すなわち，児童虐待につながるおそれのある保護

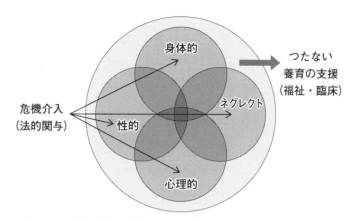

図7-2 法的介入と福祉・臨床的アプローチ

者の行為をつたない養育として捉えて，育児・子育ての支援的関与を積極的に行うことで児童虐待を未然に防ぐということである。

　児童虐待をめぐるわが国の対応は，法の改正による対応を強化する一方で，肝心の福祉的な支援が疎かになったり後手に回ったりしている。そうだとすれば，日常的に子どもと家族に接する機会が多い，家庭相談員，母子相談員，民生委員などは「加害者としての親－被害児としての子ども」を発見するだけではなく，「援助されるべき親子（家族）」として関わることが必要になる。

　以上を図7-2で示せば，法が定義する虐待の周辺領域で子育てを援助し，そうした関わりの中で，虐待と思われる行為を発見したり，緊急対応を要する危機介入が必要になるときは法的介入を要請したりするということになる。

4. 児童虐待に対する対応

図7-3は，児童虐待に対する手続の流れである。

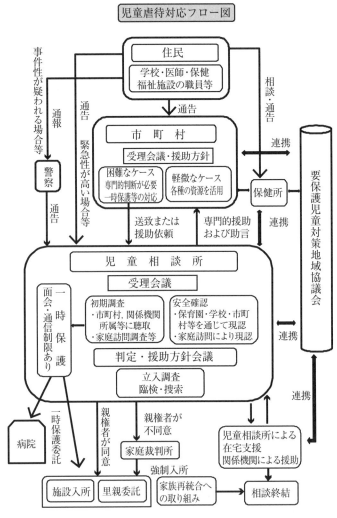

図7-3　児童虐待に対する対応の流れ（京都府宇治児童相談所，2013）

（1）早期発見（児童虐待防止法5条）

> 学校，児童福祉施設，病院その他児童の福祉に業務上関係のある団体及び学校の教職員，児童福祉施設の職員，医師，保健師，弁護士その他児童の福祉に職務上関係のある者は，児童虐待を発見しやすい立場にあることを自覚し，児童虐待の早期発見に努めなければならない。

この条文に関係する者として，児童の福祉に職務上関係する臨床心理士・公認心理師やスクールカウンセラー等も含まれる。また，発見して通告するだけではなく，防止のための教育と啓発に努めなければならない。既述のように，そのためには保護者のつたない養育に積極的に援助することである。

（2）通告義務（児童虐待防止法6条）

> 児童虐待を受けたと思われる児童を発見した者は，速やかに，これを市町村，都道府県の設置する福祉事務所若しくは児童相談所又は児童委員を介して市町村，都道府県の設置する福祉事務所若しくは児童相談所に通告しなければならない。

児童虐待を受けたと思われる児童を発見した者は誰でも，速やかに市町村等の福祉事務所や児童相談所に通告しなければならない。「思われる」というのは，制定当初の「児童虐待を受けた児童」とされていた対象児童を，2004（平成16）年の法改正によって「児童虐待を受けたと思われる児童」に範囲を広げたのである。虐待の事実が必ずしも明らかでなくとも，通告者が主観的に児童虐待ではないかと疑った場合でも通告義務が生じるということである。

　さらに，通告を受けた市町村等の福祉事務所等や児童相談所は，通告した者が誰かが分かるような情報を漏らしてはならない（児童虐待防止法7条）。

　これは児童虐待の早期発見と防止を図ることが目的であるが，次の事例のように児童虐待の防止に携わっている人でさえも，疑いの当事者になるということはこれほど辛いことであるということを私たちは忘れてはならない。

「**虐待を疑われた心の傷癒えぬ**」（朝日新聞2014年11月3日付Opinion）

　社会福祉士として虐待防止センターで働いている投書者に，第三者による虐待を疑った通報（子どもの顔の傷は虐待によるのではないか）があったと役所から連絡がきました。その子どもは自閉症で知的障害があり，治りかけの傷を爪でほじって化膿を繰り返していたのでした。それについて，投書者は以下のように述べています。

　「私は普段は相談を受ける立場です。しかしながら，疑惑の当事者となった私は，事情を説明しながら一連の行政のやり方に恐怖と怒りを覚えました。匿名の通報者が拒めば，当事者は通報の詳細すら教えてもらえません。会話が難しい息子は，どれだけ理解して検査に応じたのかと思うと涙が出ます。私たち家族は，息子を大切に育ててきたと自負しております。それでも虐待を疑われた，この悔しくて情けない気持ちを，どうすればいいのでしょう。」

　なお，公務員や医師，弁護士，カウンセラーなど法律上の守秘義務を負う者も，通告義務が守秘義務に優先し，通告しても守秘義務違反に問われることはない（児童虐待防止法6条3項）。

　しかしながら，このこともクライエントとの信頼関係をもとにして，守秘を前提にして関わるカウンセラー等が戸惑うことにもなる。いくら法によって通告者の秘密が守られるといっても，カウンセラーが情報を通告したことがクライエントの知ることになれば，そのこと自体がクライエントを傷つけることになりかねない。

　したがって，法が要請しているからといって，カウンセラーは知り得た情報をただ単に機械的に通告をすればよいということではない。守秘義務を前提にしたカウンセリングにおけるクライエントとの臨床関係に，法（通告義務）を優先させることの意味とその後の臨床的展開に十分に配慮した対応が必要になる。

　すなわち，児童虐待に携わる対人援助者はただ単に法的対応をすればよいのではなく，法の原則を踏まえたうえで，一人ひとりに適した解決のための援助の起点となるように関わることが求められる。それこそが法と臨床の協働による対応だと言えよう。

（3）安全確認（児童虐待防止法8条）

　通告を受けた市町村や児童相談所は，原則として48時間以内に児童の安全確認を行わなければならない。家庭，学校，保育所等で児童の心身の状況，保護者の様子，家庭環境などを直接調査して判断する。

　児童虐待のおそれがあるときには，児童相談所は家庭等に立入調査をすることができる（児童虐待防止法9条）。もし関係者に危害を加えようとすれば，警察官に対応してもらうことができる。保護者が立入調査に応じないときには，児童相談所が裁判所の許可を得て強制的に家庭等に入ることもある（「臨検・捜索」という）。

（4）一時保護（児童福祉法33条）

　児童相談所は，児童の安全確保のために一時的に保護者から児童を離

して保護することができる。その際，保護者や児童の意思に反しても行うことができる。一時保護をする際は，児童を児童相談所の一時保護所等に入所させる。一時保護の期間は原則2ヵ月以内である。

（5）施設への入所等（児童福祉法27条，28条）

　児童相談所は一時保護した児童を家庭等に戻すことが適当でないと判断した場合，児童を乳児院，児童養護施設などの児童福祉施設に入所させる。その際，親権者の同意をとるが，親権者がそれに同意しない場合には，児童相談所は家庭裁判所に児童を入所する承認を得なければならない。家庭裁判所では親権者や子どもの意向を調査したうえで，入所を承認するかどうかを判断する。

　児童の入所が承認されれば，児童相談所は入所措置の2年間に親子の再統合のための支援などを行う。2年後も入所措置を継続する必要がある場合には，児童相談所は措置更新の承認を家庭裁判所に申し立てなければならない。

　なお，2019年6月に児童福祉法や児童虐待防止法が改正された。
　主な内容は，
・親らが「しつけ」と称して体罰を加えることを禁止する。
・児童の安全確保を最優先するために，虐待が疑われる際の立ち入り調査や，児童の一時保護をする介入的対応をする担当者と，保護者を支援する担当者に分ける。
・すべての児童相談所に医師と保健師を置き，常に弁護士の助言や指導を受けることができる体制を整える。

5．児童虐待の親，家族へのアプローチ

　それでは児童虐待が疑われる親や家族にどのようにアプローチすれば
よいのだろうか。

　虐待傾向のある親が抱える最も大きな課題はその人格的な未熟さであ
る。特に，人と人との関係において，「依存することを自ら選択する能
力」が十分に育っていないという未熟性が指摘される。自ら抱えきれな
い課題について，適切な方法で他者に援助を求めるということは大切な
対人関係能力の1つである。

　他者に適切に依存することができない人たちは，歪んだ依存性を示す
ことになる。アルコールや麻薬など薬物への依存，過食など食に関する
依存，ギャンブル依存やワーカーホーリックなどである。児童虐待は，
親のストレスやフラストレーションを小さな子どもにぶつけることで解
消するような「親が子どもに依存する」という，「親子関係の逆転」と
もいえる歪んだ依存関係である。

　依存性が未熟で他者に適切に援助を求めることができない親は，他人
に接近されること自体が脅威になる。そのため，子育てがうまくできな
い親を助けようとしても，その親たちは，近寄られることを拒み，罵声
を浴びせて殻を閉ざそうとする。その結果，援助の手を差し延べようと
した人たちから敬遠され，さらに孤立してしまうという悪循環に陥って
しまう。それゆえ，虐待の事実や情報を見つけようとするだけの対応
は，その親たちの殻をますます固く閉ざして反発や抵抗を強めてしまい
かねない。

　したがって，虐待傾向がある親や家族にアプローチするときは，その
親たちの反発や反抗の裏にある，声にならない助けを求める切実な叫び
を受け止めて，ねばり強く対応することが求められるのである。そのた

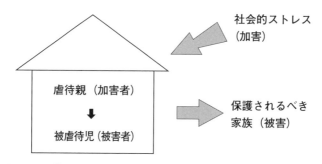

図7-4 「加害者─被害者」⇒保護されるべき家族
（廣井，2007．p.180を一部修正）

めには，「加害者としての親─被害者としての子ども」という見方から，
「保護されるべき親子（家族）」という捉え方をすることである（図
7-4）。このように，その親子を家族という括りで捉えると，親と子の
両者を保護して援助しなければならないということが理解できるであ
ろう。

Ⅱ　高齢者虐待

1．高齢者虐待の現状

　わが国の高齢化率（65歳以上の高齢者人口が総人口に占める割合）
は2015（平成27）年で26.7％。その後も増加を続けて2060（平成72）年に
は，2.5人に1人が65歳以上，4人に1人が75歳以上になると推計されて
いる（内閣府，2016）。
　高齢化社会における高齢者虐待の問題はすでに進行しているが，児童
虐待に比べて社会的認知度はまだ低いのが現状である。2006（平成18）
年に施行された高齢者虐待防止法では，高齢者虐待を，①養護者による

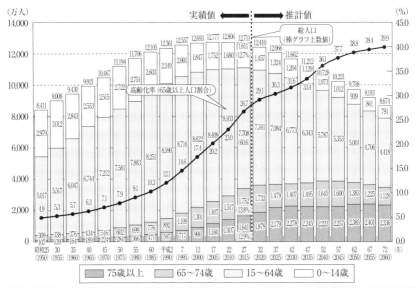

資料：2010年までは総務省「国勢調査」，2015年は総務省「人口推計（平成27年国勢調査人口速報集計による人口を基準とした平成27年10月1日現在確定値）」，2020年以降は国立社会保障・人口問題研究所「日本の将来推計人口（平成24年1月推計）」の出生中位・死亡中位仮定による推計結果
（注）1950年～2010年の総数は年齢不詳を含む。高齢化率の算出には分母から年齢不詳を除いている。

図7-5　高齢化の推移と将来推計（内閣府，2016）

高齢者虐待，②養介護施設従事者等による高齢者虐待に分けている。ここでは，①養護者による高齢者虐待について説明する。

2. 高齢者虐待防止法の特徴

　高齢者虐待防止法は，正式には「高齢者虐待の防止，高齢者の養護者に対する支援等に関する法律」という。同法では「高齢者」とは65歳以上の者とし，「養護者」とは，高齢者が在宅している場合の生活を共にする家族，同居人等である。

　養護者による虐待は次の行為を指す（法2条4項）。

- 身体的虐待：高齢者の身体に外傷が生じたりそのおそれのある暴行を加えること
- 介護・世話の放棄・放任：高齢者を衰弱させる減食，長時間の放置等養護を怠ること
- 心理的虐待：暴言，拒絶的な対応，心理的外傷を与える言動
- 性的虐待：わいせつな行為をしたりさせたりすること
- 経済的虐待：高齢者の財産を不当に処分，高齢者から不当に財産上の利益を得ること

　高齢者虐待には経済的虐待行為があることが特徴で，成年後見制度（判断能力の低下した人に対して，その本人の代わりに預貯金，不動産などの財産を管理・契約などの法律行為などをする仕組み）などで援助する。福祉的支援は，地域包括支援センターなどを中核として，地域住民，介護事業者や医療機関，関係専門機関などの社会的ネットワークとして行う。

　高齢者虐待の問題に対応するときの特徴は，同法の正式名称である「高齢者虐待の防止，高齢者の養護者に対する支援等に関する法律」に端的に示されているように，虐待されている高齢者本人の保護や支援を行うだけではなく，高齢者の養護者であるその家族等も同時に支援の対象にしているということである。

　したがって，虐待した養護者を罰したり排除したりするだけではなく，養護者に対して援助すべき課題や負担を軽減したり緩和したり，家族関係の歪みを修復したりしなければならない。その意味において，高齢者虐待防止法に則った対応として，家族への臨床と法による適切なアプローチを援助者に要請しているとも言えるであろう。

3. 高齢者虐待と介護問題

　厚生労働省（2015）によると，2014（平成26）年度の養護者による被虐待高齢者16,156人のうち，女性が77.4％，75歳以上が44.9％，要介護認定済み者が67.1％，である。

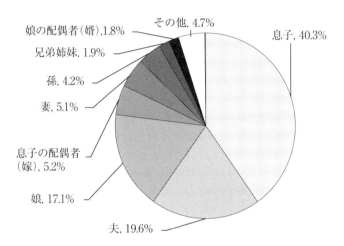

図7-6　被虐待高齢者からみた虐待者の続柄（厚生労働省，2015）

　被虐待高齢者から見た虐待者の続柄は図7-6（厚生労働省，2016）の通りで，4割が息子，2割が夫によるものである。虐待の発生要因は「虐待者の介護疲れ・介護ストレス」が23.4％，「虐待者の障害・疾病」が22.2％，「家庭における経済的困窮」が16.1％である。

　この統計データーから養護者による介護に伴う高齢者虐待について言えることは，女性が介護を要する状態になると，息子や夫がその介護による疲れとストレスから虐待に至る傾向があるということである。

　今までの高齢者の介護は主に家族によって担われてきた。戦前までの

家制度のもとでは，老親の介護は「嫁」が行うべきであるとされ，戦後も高度経済成長期には「男は仕事，女は家庭」という性別役割分業において，女性の役割として持ち越された。そのように介護は家族，それも主に女性によって支えられてきたのである。

ところが，2014(平成26)年度に高齢者の夫婦のみ世帯が38.0％に上るなど，家族の一世帯人員は減少し，共働きと家庭生活との両立という現代家族のライフスタイルの変化によって，老人，幼児，病人，障害者など弱者を抱える家族機能が著しく低下している。

このような家族の変化からすると，ひとたび女性や高齢者が介護を要する状態になると，息子や夫などの男性は不慣れな家事労働に加えて，母親や妻の排泄などの介助によるストレスによって虐待を起こすことになりやすいと考えられる。

4. 高齢者の扶養と介護

すでに述べたように，介護問題は高齢者虐待につながりかねないことであるが，民法では，高齢者の食事，入浴，排泄，などの介助をする介護者について規定していない。その代わりに老親の「扶養義務」を定めている。高齢者の問題や虐待に関わる援助者は，実際の相談や援助につながるので，扶養と介護の違いについて十分に理解しておかなければならない。

扶養について補足すると，扶養とは基本的に生活費を負担をすることであるが，扶養義務者でも必ずしも老親を扶養しなければならないとはいえない。民法は，各人の妻と子どもとの生活を犠牲にしないで，余力があれば老親を扶養せよ，と言っているのである。つまり老親の扶養よりも，妻と子どもの扶養を優先しなければならないということである。

　この扶養の説明は，パンの喩えがよく使われる。親の子ども（未成熟子）に対する扶養や夫婦間の扶養では，扶養する者は，自分のパンを半分にしても，子どもや妻（夫）に半分のパンを分けなければならない（「生活保持」の義務）。離婚後の養育費や，別居中の生活費の分担にも当てはまる。

　一方，老親の扶養など（直系血族と兄弟姉妹及び三親等内の親族間の扶養）では，夫婦と子どもでパンを食べてから，余ったパンを分けるということになる（「生活扶助」の義務）。したがって，老親の介護ついて民法に従えば，扶養義務者に経済力があれば，老親の介護費用を負担して介護サービスなどを依頼するということになる。

　以上のことからすれば，高齢者虐待の防止や対応の基本は，高齢者の扶養や介護は基本的に家族がすべて担うものではなく，公的扶助の利用や地域や社会と連携することがその要点になる。その1つとして，高齢者の介護を社会全体で支えようという趣旨で2000（平成12）年に介護保険制度が実施されたり，2001（平成13）年に新しい成年後見制度が開始されている。

5. 高齢者と家族

　老親の扶養や介護をめぐって家族の紛争に拡大してしまうと，結局，老親は一人暮らしをするか，施設に入所するということが多くなる。高齢者も自らの介護で子どもたちに負担をかけたくないとして，老人ホームなどで生活をすることを選択する方も多い（内閣府，2015）。すると，老親の扶養や介護をめぐる家族の紛争では，民法の規定通りに解決すれば足りて，臨床的なアプローチなど必要がないように思われるかもしれないが，そうではない。

　結果的に老親が一人暮らしや老人ホームで生活をすることになったとしても，老親の「居場所」は家族との「心の絆」にあるからだ。したがって，福祉，臨床的な視点からすれば，老親のケアとは，けっして金銭や介護だけのことではなく，むしろ「家族とのつながり」を援助することだと言える。そうすることで，老親は孤独や疎外感に陥らずに生活することができるのである。

　高齢者の介護問題に戻っていえば，法が規定するのは，家族のために女性など個人が犠牲になることを防いでいるのである。また，織りなす絆で成り立っている家族は，自然な情愛による日常生活で老親の扶養や介護を行うため，ともすると家族が老親を抱える限界を超えてしまい，家族自体が壊れてしまいかねないからである。

　家族の誰かを犠牲にする介護は，真の介護とは言えない。そこにはお互いを尊重し合う家族関係が成り立っておらず，介護問題によって家族の紛争に至る素地が潜んでいるからである。介護とは，身体的なケアと同時に心のケアが伴わなくてはならない。家族による介護の重要性は，老親の心のケアにこそあると言えるであろう。

引用・参考文献

廣井亮一（2007）司法臨床の方法．金剛出版．
厚生労働省（2015）平成 26 年度「高齢者虐待の防止，高齢者の養護者に対する支援等に関する法律」に基づく対応状況等に関する調査結果．
厚生労働省（2016）平成 26 年度「高齢者虐待の防止，高齢者の養護者に対する支援等に関する法律」．
厚生労働省（2016）平成 27 年度　児童養護施設入所児童等調査結果．
厚生労働省（2018）平成 29 年度　児童相談所での児童虐待相談対応件数（速報値）．
京都府宇治児童相談所編（2013）子どもの虐待対応マニュアル．p.15
内閣府（2016）平成 26 年度一人暮らし高齢者に関する意識調査．
内閣府（2016）平成 28 年版高齢社会白書．

8 │ 離婚紛争と子ども

《目標＆ポイント》
・日本の離婚の現状と離婚の制度を学ぶ。
・少子社会における，離婚に伴う親権と親権者の決定について学ぶ。
・面会交流の意味と子どもの発達に応じた面会交流について理解する。
《キーワード》 離婚，親権者，面会交流，子どもの心の傷

はじめに－少子社会における離婚と子ども

　2016（平成28）年度の婚姻件数は約62万組で，離婚件数は20万組を超えている。結婚した3組の内，1組が離婚していることになる。子どもの出生数は約98万人で，1人の女性が生涯に産む子どもの推計人数「合計特殊出生率」は1.44である（厚生労働省，2017）。図8-1，8-2は，婚姻件数及び婚姻率，離婚件数及び離婚率の年次推移である。

　そうしたわが国の少子化における，離婚に伴う子どもの奪い合いが深刻な社会問題になっている。金や物など財産に関する紛争は法的判断で決着をつけることができるが，生身の人間である子どもは分けることができない。親同士が実力行使で子どもを奪い合うなど激しい紛争になり，その結果，子どもの心は深く傷ついていく。

　離婚に伴う親権の帰すう，つまりどちらの親が子の親権者になって子どもを育てるかについては，離婚届時に決定していなければならない。子の親権者が決まらなければ，夫婦関係は完全に破たんして，双方とも早く別れることを望んでも離婚ができないということになる。

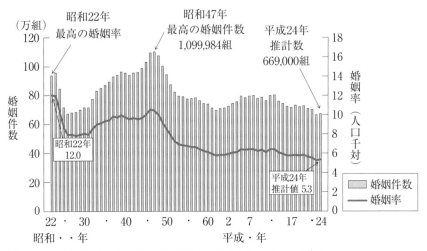

図8-1　婚姻件数及び婚姻率の年次推移（厚生労働省，2013）

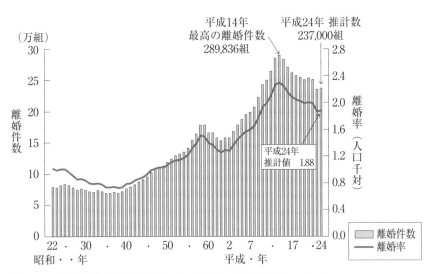

図8-2　離婚件数及び離婚率の年次推移（厚生労働省，2013）

　離婚に直面した夫婦に未成年の子がいる場合，留意すべき法的事項は，①親権の意味と親権者の決定方法，②離婚後の非親権者と子どもとの面会交流，③養育費など経済的事項，である。特に子の親権者については，後々紛争になった場合，家庭裁判所の調停さらには審判に移行することもあるので慎重に対処しなければならない。なお，国際結婚の増加に伴って，子の連れ去りなどについてルールを定めた「ハーグ条約」にわが国は2014(平成26)年に締結した。

　少子化が続くわが国において，離婚に伴う争いは今後もさらに増加するものと思われる。離婚に直面した家族においては，さまざまな場面で家庭裁判所など司法の手続が要請され，さらに法と臨床の協働が必要になるであろう。

1. 離婚の制度

　わが国の離婚の手続には，協議離婚，調停離婚，裁判離婚がある（その他，審判離婚があるが極めてまれな手続である）。

① **協議離婚** （2016年厚生労働省人口動態調査で離婚手続の87％）：わが国の離婚総数の約9割が協議離婚によるものであり，夫婦双方が離婚に合意し，離婚届出用紙に双方が署名，捺印して市区町村役場に提出すれば離婚が成立する極めて簡便な手続である。

　しかし，協議離婚に伴うさまざまな家族の問題や子どものケアを援助することが保障されていないため，後々問題になることも多い。離婚に直面した夫婦はとかく相手と別れることを優先してしまうため，子どもの親権者を安易に決めてしまうことになりかねない。(2012(平成24)年4月から，離婚届に「養育費の分担」や「親子の面会方法」の取り決めを記す欄が新設された。ただし，離婚届受理の要件ではなく未記入でも

提出できる。）

　離婚時に親権を相手に引き渡した当事者が，離婚の直後や1，2年以内に子どもの引き取りを希望して親権者の変更を申し立てることもある。ある当事者は，「離婚問題でもめていたころは身も心もくたくたで混乱しきっており，相手と別れることしか考えられませんでした。それに親権の意味がよく分からず，いつでも子どもを引き取れると思っていました」と述べた。

② **調停離婚**（同調査10％）：離婚について夫婦間で合意できない場合，家庭裁判所の調停手続によるものである。離婚を望む当事者だけでなく，そうでない当事者も和合調停を申し立てることができる。家庭裁判所ではそれらを総称して「夫婦関係調整事件」という。

　調停手続では，調停委員会（裁判官1名と民間から選ばれた調停委員男女各1名で構成）が当事者の話し合いによる合意を目指す。ただし，「当事者による話し合い」といっても，お互いが直接向き合って話し合うこと（同席調停）はまれで，当事者の話を調停委員が介して伝達する（別席調停）というやり方で，月に1，2回程度のペースで行う。調停は，両当事者が合意すれば調停成立，合意できなければ調停不成立，になる。

③ **裁判離婚**（同調査3％）：家庭裁判所の調停手続で合意できなかった場合に，離婚を望む当事者が提起する手続である。離婚訴訟においては次のいずれかの離婚原因が必要になる（民法770条1項）。・不貞行為，・悪意の遺棄，・3年以上の生死不明，・強度の精神病，・婚姻を継続し難い重大な理由。

2.　親権と親権者の決定

（1）　親権とは

　民法では親権について，子どもの最善の利益のための，身上監護に関する権利義務つまり子の監護及び教育をする権利義務（民法820条）と，財産管理に関する権利義務（民法824条），があると規定している。また，1989（昭和64）年に国連で採択された子どもの権利条約では，子ども自身に健康に発達成長する権利があるという子どもの権利主体性が重視されている。

　したがって親権とは，子どもの最善の利益にかなうように，親が子どもを健全に育てる義務と権利であると言えよう。

　夫婦に未成年の子どもがいる場合，婚姻中は父母が共同親権者である。子どもの養育などにおいては，父母のどちらの意見が優先するかということではなく，お互いに相談し協力し合いながら子育てをすることになる。子育ての方法をめぐって夫婦喧嘩が起きることがあるが，むしろ夫婦はそのようにしながら，偏ったしつけや教育にならないようにバランスを保っている面もある。したがって常識的な範囲であれば，親の子育てに関して他者に干渉されないという，親権者としての権利的側面がある。

　未成年の子どもがいる夫婦が離婚をする場合は，必ず父母のどちらか一方を親権者に決めなければならない（民法819条1項）。親権者と監護者（実際に子を養育する親）を分けることもできるが，いろいろなトラブルのもとになるため不適切である。

（2）　親権者の変更

　離婚については合意していても，親権者が決まらなければ離婚はでき

ない。また，親権者を決めて離婚した場合，親権者でない親があらためて親権者になることを希望するときは，必ず家庭裁判所に「親権者変更」の調停を申し立てなければならない。このような場合，家庭裁判所の調停で話し合いの解決を目指すことになるが，調停が不成立になれば，家事審判などで親権者が決定されることになる。

　親権者指定や親権者変更の判断基準は，あくまでも子どもの最善の利益にある。具体的には，親の状況としては，就労，経済，住居の状況，監護補助者の有無などである。子どもの状況としては，年齢，性別，心身の発育発達，現在の生活状況，子の意向，など客観的に把握できる事項である。さらに，子どもへの愛情，子どもと親との関係，など親子関係の原点，時と共に移り変わる関係性など心理臨床的事項をもとに総合的に判断して決定することになる。

　なお，親権者を変更することについて，親同士がすでに合意しており，変更することによって子どもに不利益が生じなければ，調停は早期に終結することが多い。

　2013（平成25）年に施行された家事事件手続法で，子どもの意思の把握に努め，子の年齢及び発達の程度に応じてその意思を考慮しなければならない，と定めた（家事事件手続法65条）。子どもが15歳以上の場合には，子どもの陳述を聴かなければならない（家事事件手続法157条2項など）。基本的には子どもの年齢に関係なく子どもの意思を把握しなければならない。そのため，子どもが年少の場合などでは，家庭裁判所内の児童室・家庭室などで家裁調査官がプレイセラピーをしたり家族画を描いてもらいながら，子どもの意思を把握することもある。

3．面会交流

（1）面会交流とは

　面会交流とは，離婚後や別居中に子どもを養育していない親が，子どもと面会や宿泊をしたり手紙や電話などでやり取りすることをいう。2011（平成23）年の民法改正によって面会交流権として定められたものであるが（民法766条），それまでも家庭裁判所では「子の監護に関する処分事件」で面接交渉という呼び方で実務上対処していた。

　面会交流に関する家庭裁判所の調停事件の件数は，2003（平成15）年の4,203件が2013（平成25）年に10,762件になり，10年間で1万件を超えている（最高裁判所 司法統計年報）。民法改正によって面会交流権が明文化されたことや社会の権利意識の変化によるものと思われる。

　面会交流権というと，子どもを直接養育していない親は，「子どもに会う権利がある。相手はそれを拒否することはできない」と法的権利として主張する。一方，親権者になった親は，「子どもの親権者として会わせない」と親権者の権利を強調して反論する。このように，面会交流について十分に話し合いがなされないと，双方が権利を主張して対立することになる。

（2）面会交流上の注意

　ここで注意しなければならないことは，面会交流は「子の利益を最優先に考慮しなければならない」（民法766条1項）ということである。面会交流権や親権があるからという親の権利で主張するものではなく，あくまでも子どもが健全に成長発達するための子どもを主体とする権利である。したがって，子どもの年齢や心身の状態，発達の程度などを十分に考慮し，子どもの最善の利益を重視しなければならない。

　親双方が面会交流をめぐって対立し続ける限り，どちらの主張が通ったとしても適切な解決にはならない。それぞれの主張は，夫婦関係の破綻による双方の不信感を，子どもの面会交流を通して争っているからである。そのため子どもの発達のどの段階においても悪影響を与えてしまう。

　したがって，面会交流の争いでは，夫婦関係は破綻したとしても，双方共に子どもの父親，母親としてつながっているということを再確認させるアプローチが必要になる。そして子どもの親としてのお互いの存在を認めることが，子どもの真の愛情につながるということを理解させることが重要になる。

　ちなみに家庭裁判所では，適切な面会交流を期すために試行面接（試行的面会交流）を実施している。試行面接とは，家庭裁判所に設置されているワンウェイミラー付の家族面接室などで別居親などと子どもとの面会を行い，その様子を同居親や調停委員が別室で見守るのである。「相手（別居親）は子どもに悪い影響しか及ぼさない，子どもは相手と会いたがらない」と思い込んでいた同居親が，試行面接の結果，その思い込みを解消したり，一方の親と離れている子どもの心情を理解することにもつながっている。

4. 面会交流の制限

　二宮（2004，2007）は，「別居親には子どもと交流する権利だけではなく，交流する義務があり，同居親には，子どもと別居親との交流を保障する義務がある」と述べている。

　ただし，面会交流が子の利益に反する場合，家庭裁判所は面会交流で対立した事例で，次のような場合に別居親との面接を制限する判断を下

している（二宮，前掲）。

① 別居親がドメスティック・バイオレンス（DV）の加害者である
  場合
② 親としての適格性に欠ける場合
  たとえば子どもに虐待的な行為に及んだり，面会のたびに飲酒で
  酩酊していたりする場合など。
③ 父母の葛藤が激しく子どもの情緒の安定に影響を及ぼす場合
④ 子どもが別居親との面会を拒んでいる場合
  ただし子どもが別居親との面会に消極的であっても，同居親や祖
  父母との関係上，別居親に会いたい気持ちを抑えていることも
  多い。
⑤ 子どもの年齢にそぐわない面会
  たとえば乳児と父親だけが長時間過ごすことなど。
⑥ 新しい家庭生活での安定を阻害する場合
  ただし現在では別居親，継親との関係を含む複合的な離婚後の家
  族関係を形成することの必要性も強調されている。

　以上のように，別居親のDVや虐待が明らかな場合は面会交流が否定
されることはもちろんのことである。それ以外は個々のケースに沿いな
がら，面会交流の必要性や具体的方法について，心理臨床や家族関係の
知見から検討していかなければならない。

5. 子どもの発達に応じた面会交流

　棚瀬（2008）は，親の離婚などの紛争が子どもにどのような影響を及
ぼすかについて，0ヵ月から1歳半，1歳半から3歳，3歳から5歳，6歳

から8歳，9歳から12歳，13歳以上の発達段階ごとに考察している。その論考と筆者の臨床実践を踏まえて，面会交流で両親が心得なければならないこと，心理臨床家として援助しなければならないことを，子どもの発達段階に沿いながら解説する。ここでは，離婚等で父親が別居した場合を想定する。

①　0ヵ月から1歳半児

　母親が妊娠期から夫婦間の不和や親族間の紛争にさらされた場合，生まれたばかりの乳児に夫や姑などに対する否定的な感情を投影して（「悪性投影」という），子どもを可愛いと思えなくなり，ネグレクトなどの虐待を起こすことにもつながりかねない。

　子どもにとっては，胎児の段階から誕生を経て乳児に至るまで，父母の葛藤と紛争にさらされていることになる。乳児期の子どもの発達段階は，親などの養育者を通して人間関係の原型を形成する重要な時期である。そのため，父母の不和は，子どもの健全な成長や他者との関係の形成に多大な悪影響を与えてしまう。

　したがって，この時期の面会交流は，どちらが養育しているにしても，養育親と子どもとの安定した関係をまず保障することが絶対条件になる。父母の紛争や葛藤が続いている場合，基本的に面会交流を実施することは適切ではない。

②　1歳半から3歳児

　この発達段階は，親との愛着（attachment）を形成するための重要な期間である。その時期に夫婦の不和，離婚，そして面会交流等の紛争で不安定な子育ての状態が続くと，子どもが愛着障害になりかねない。愛着障害とは，乳幼児期からの長期にわたる虐待等で，親との愛着が形

成されなかったことで起きる障害である。愛着障害を示す子どもは，衝動的・反抗的・破壊的な行動がみられ，情愛・自尊心などが欠如する場合がある。思春期に非行などの問題行動を起こすこともある。

　またこの時期は，分離－個体化の過程における再接近期危機に当たる。再接近期危機とは，子どもが1歳2，3ヵ月ころに母親との一体感から徐々に離れていく不安により，再び母親の元に急に再接近して戻ろうとするジレンマを起こすことをいう。子どもにとって，分離－個体化に向けての人格的危機でもあり試練でもある。

　それだけに，この時期に子どもがその発達課題を乗り切るためには父母の協力，とりわけ父親の役割が重要になる。したがって，両親が離婚等で父親が不在になった場合，子どもは不安定になり母親にしがみつき，再接近期の危機からいつまでも抜け出すことができなくなってしまうことになりかねない。

　そこで，この時期の面会交流は，子どもが「父－母－子」という三者関係を体験して自立するために重要な時期であることを，父親と母親双方に理解してもらい，適切な面会交流を実現させるように援助することが求められる。

③　3歳から5歳児

　この発達段階にある子どもには，「自己中心の心性」をもつことが特徴である。家族の出来事や変化についても，子どもは自分が起こしたものだと捉えるため，両親の不和や別居，離婚は自分のせいだと考える傾向がある。

　両親が離婚をしてさらに面会交流で紛争が続いた場合，子どもは自分がどうすればいいのか本当に困ることになる。たとえば，面会交流の紛争渦中に置かれた子どもが，「お父さんは自分に会いたがっている。お

母さんは会わせたくない」と察知した場合，子どもの自己中心的な解決方法として「自分が2つになればいい」と思うかもしれない。これは子どものアイデンティティ形成にとって大きな障害につながるおそれがある。

さらに，この時期に両親の離婚によって父母いずれかと別れた子どもは，程度の差こそあれ分離不安を起こして，同居親にしがみついたり，退行現象いわゆる赤ちゃん返りを起こしたりすることもある。

したがって，この時期の子どもとの面会交流で対立している親は，極力自分の感情を抑えて子どものために面会交流を適切に実施する必要がある。援助者の役割は，感情を抑えている親の辛さをサポートすることと，両親の離婚や面会交流の紛争の渦中にいる子どものサポートが必要になる。なお，この時期と次の年代（6歳〜8歳）の子どもには，プレイ・セラピーが有効な方法になる。

④ 6歳から8歳児

この発達段階の子どもが両親の離婚を体験すると，親に見捨てられたという気持ちになり，どの時期よりも悲しみが深くなる。さらにこの時期に子どもは小学校に入学して就学しているため，両親の離婚によって転校した場合，友達との別れなど生活的にも失うものが多く，子どもは何重もの喪失にさらされることになる。

それだけに，この時期の子どもにとって別居親との面会交流は，心的な喪失体験を補償することにつながるので，できるだけ早く面会交流を実施することが必要である。それと同時に，別居親は養育費などで経済面での支援もしなければならない。

また，この発達段階の子どもはいわゆる忠誠葛藤を起こしやすいということにも留意する必要がある。忠誠葛藤とは，親の離婚や別居に直面

した子どもは，どちらの親につくのか迷うことをいう。父母が面会交流で対立している場合，子どもは別居親と会うことによって示す忠誠と，会わないことによって示す同居親への忠誠で悩むことになる。いずれにしても他方の親への忠誠を裏切ることになり，子どもは罪悪感を抱く。援助者は，そうした子どもの悩みを受け止めながら，親への裏切りではないことを伝える必要がある。

⑤　9歳から12歳児

　この発達段階の子どもの特徴を喩えるならば「裁判官的」である。正義感が強く，どちらが正しいのか白黒をはっきりさせようとする。あいまいなことが許せない時期でもある。したがって，面会交流の紛争で相手の非をあげつらえば，子どもは一方の親を悪者であると見なしてしまいかねない。思春期を迎えつつあるこの段階の子どもが親のどちらかを否定してしまうことは，子どものアイデンティティ形成にも大きな障害になってしまいかねない。

　どちらが正しいか白黒をつけようとするこの時期の子どもにも，両方の親への愛情や思慕の情はもちろんある。援助者として大切なことは，そのような子どもの両親への思いを無理なく表現できるように働きかけることである。一方を「悪い親」と見なして攻撃的な感情を抱き続けると，その攻撃性がさまざまな問題行動に転化することにもなりかねない。さらに，「良い親」と緊密につながって，子どもと親があたかも恋人同士の関係になったり，親子関係が逆転して子どもが親役割を演じてしまうことにもなりかねない。いずれにしても，その後の子どもの発達を阻害してしまう。

⑥　13歳児以上

　思春期は，心身共にバランスを崩しやすく感受性が最も高まる時期である。それに加えて，両親の離婚や面会交流の紛争が起きれば，子どもの心は大きく揺らぐことになる。その結果，非行などの問題行動を起こしたり，うつや神経症などの症状を呈したりすることもある。

　思春期，青年期の子どもなので，時間をかけてゆっくりと話を聞いてあげるだけで，親や家族の問題について自ら考え，意見を表明することができる。面会交流についても，子どもも当事者の一人であることを尊重しながら対応することが必要である。

　以上，子どもの発達段階に応じた面会交流と援助の仕方について概観した。面会交流で重要なことは，発達段階に応じた子どもの心性を重視して，子どもの最善の利益を中心にすえて，両親が協力をして面会交流を実現することだと言えよう。

6. 養育費など経済的事項

　離婚や別居をして子どもを引き取った親（同居親）は，別居親に子どもの養育費を請求することができる。養育費とは，子どもの生活費（衣食住の費用，教育費，医療費等）のことであるから，離婚をして子どもと別れて生活をしても，別居親と同じ水準の生活を子どもに与えなければならない。請求できる子どもの年齢は一般的に20歳までが目安になるが，子どもが大学や大学院に進学して，自活できなければ20歳を超えても請求することができる。

　養育費は離婚した時点から請求できるが，離婚後数年してから請求する場合は原則として請求する時点からになる。ただし，離婚する際に決

めることができない事情があったり，その他，別居していた場合の生活費や財産分与との関係がある場合は，離婚時点にさかのぼって請求することもできる。

　離婚時等に両者の話し合いで養育費を決めて，別居親が誠実に支払い続けることが望ましい。しかし話し合いでまとまらなかった場合は，家庭裁判所に養育費請求の申立てをすることができる。さらに，家庭裁判所で養育費を決めても相手が支払わない場合には，履行勧告の申立てができる。

　なお，養育費算定表が作成されており，具体的な養育費のめやすを算出できる。この算定表は援助の場面で活用することもできるであろう。養育費算定表は，裁判所のホームページからダウンロードすることができる。

引用・参考文献

厚生労働省（2013）平成24年人口動態統計の年間推計.

厚生労働省（2017）平成28年厚労省人口動態統計（確定数）の概況.

二宮周平（2004）面接交渉の義務性―別居・離婚後の親子・家族の交流の保障. 立命館法学. 2004年6号.

二宮周平（2007）家族と法. 岩波新書.

棚瀬一代（2008）離婚と子どもの発達. 心理相談研究紀要. 6, 神戸親和女子大学心理・教育相談室.

Ⅱ部

9 | 学校問題と司法
―体罰問題と保護者対応

《**目標＆ポイント**》
・体罰と懲戒の違いを理解したうえで，懲戒行為が体罰に陥らないための留意点を学ぶ。
・学校における対応困難な保護者としてモンスターペアレントへの対応について学ぶ。
・保護者対応の基本である傾聴，事実の調査の方法を獲得する。
・学校の問題解決のための法と臨床の協働を理解する。
《**キーワード**》　学校，体罰，懲戒，モンスターペアレント

はじめに

　現代の子どもたちの問題行動として暴力行為が指摘されているが，それは学校や家庭における体罰問題や虐待と相通じている。学校での体罰－家庭での虐待－子どもの暴力行為，という暴力の連鎖が起きているのである。

　学校問題への司法の関与としていじめ問題を取り上げたが，この章では学校における体罰問題についての解説及び保護者対応の基本とモンスターペアレントへの対応を取り上げる。

Ⅰ　体罰問題

1.　学校と家庭での「懲戒」

　子どもに対する体罰が問題になるのは，家庭では子どものしつけ，学校では児童生徒の指導に関する場合が多い。子どもに対するしつけや教育のためと称して，親や教師が子どもを懲戒する際に体罰が起きやすい。何となれば，「体罰」は明確に禁止されているが，体罰と区別がつき難い「懲戒」が許容されているからである。学校における懲戒は学校教育法11条で，家庭における懲戒は民法822条でそれぞれ認められているのである。

〈学校教育法11条〉

> 校長及び教員は，教育上必要があると認めるときは，文部科学大臣の定めるところにより，児童，生徒及び学生に懲戒を加えることができる。ただし，体罰を加えることはできない。

　と体罰と懲戒を区別して，体罰は明確に禁止しているのである。したがって，教育上の必要があろうとなかろうと，体罰はどのような場合にどの程度許容されるかという議論の余地はない。体罰は犯罪であり絶対に許される行為ではないということをまず理解しなければならない。

〈民法822条〉

> 親権を行う者は，第820条の規定（子の利益のために行われる）による監護及び教育に必要な範囲内でその子を懲戒することができる。

　このように，親権者の子どもに対する懲戒権は民法822条に規定されているが，体罰につながるおそれもあることから，2011年の民法改正

の際にその条文を削除すべきだという意見もあった。しかし，子の利益のために監護教育に必要な範囲で懲戒が許容されたのである。

　なお，2019(平成31)年の児童虐待防止法の改正で，親らが子どもの「しつけ」と称して体罰を加えることを禁止した。

　いずれにしても，家族でも学校でも，体罰は禁止しているが，子どもの監護や教育のために必要があれば懲戒は許容する，と法が認めているのである。ここに懲戒と体罰の混乱が生じ，懲戒が体罰につながりかねない素地がある。

2. 体罰と懲戒

　2007(平成19)年の文部科学省による「学校教育法第11条に規定する児童生徒の懲戒・体罰に関する考え方」では，体罰と懲戒の区別について次のように示されている。

①　懲戒の行為が体罰に該当するかどうかは，児童・生徒の年齢，健康，心身の発達状況，当該行為が行われた場所的・時間的環境，懲戒の態様等の諸条件を総合的に考え，個々の事案ごとに判断する必要がある。
②　殴る・蹴る等の懲戒，肉体的苦痛を与えるような懲戒（長時間にわたる正座・直立等）は体罰に該当する。
③　個々の懲戒が体罰に当たるか否かは，懲戒を受けた児童・生徒や保護者の主観的な言動により判断するのではなく，上記①で示す諸条件を客観的に考慮して判断する。
④　有形力（目に見える物理的な力）の行使以外の方法により行われた懲戒については，児童・生徒に肉体的苦痛を与えるものでない限り，通常体罰には当たらない。たとえば，
　・放課後等に教室に残留させる（ただし，用便のためにも室外に出ることを許さない，食事時間を過ぎても長く留め置く等，肉

> 体的苦痛を与えるものは体罰に該当)。・授業中，教室内に起立させる。・学習課題や清掃活動を課す。・学校当番を多く割り当てる。・立ち歩きの多い児童・生徒を叱って席につかせる。

　しかし，体罰と懲戒の区別は非常に曖昧である。懲戒行為がどの程度まで認められるかについての具体的な基準が一切示されていないからである。結局は，「当該児童・生徒の年齢，健康，心身の発達状況，当該行為が行われた場所的及び時間的環境，懲戒の態様等の諸条件を総合的に考え，個々の事案ごとに判断する」ということになる。しかしながら，実際の教育現場で諸条件を総合的に考えながら懲戒を行使するということが果たしてできるのであろうか。この点に懲戒が一線を越えて体罰になるおそれが生じる。

　たとえば，放課後に教室に残すことは懲戒で，長く留め置いて肉体的苦痛を与えるものは体罰になるが，およそ何時間位なのか。また，授業中に教室内に立たせることは懲戒であるが，どの程度立たせておくと体罰になるのであろうか。児童生徒の主観的苦痛を考慮するための苦痛の個人差が不明確である。

　懲戒の言葉の意味は，「不正または不当な行為に対し制裁を加えることである。制裁とは，懲らしめのために罰を与えること」(広辞苑第五版)である。家庭でのしつけや学校での指導に懲戒が認められているのは，罰で懲らしめることが子どものしつけや児童生徒の問題行動の防止や指導のためになるという，旧態依然とした考えによるものである。親や教師は子育てや指導がうまくいかなかったり思うようにならないときに，罰をちらつかせたり用いたりしやすい。そうした対応は子どもの変化に即効性を求めているからである。仮に子どもが変化したように見えてもそれは上辺だけのものに過ぎない。

体罰も懲戒も，広義の「罰」を背後にしていることに注意しなければならない。罰を下された者は，恐怖心や屈辱感を抱きながら無理やり従属させられる経験をして，自主性や自尊心を失ったり，権力や腕力で対人関係を支配したりすることを学習する。また否定的自己像を形成し，その自己像通りの行動をとるようになるなど，人格を萎縮させ歪ませる危険性を伴うものである。

したがって，体罰と懲戒の法的な違いがあるにしても，家庭での子育てや学校での教育において，体罰はもちろんのこと懲戒も一切行使せず，多様な方法を工夫してみることが必要になる。

3. 懲戒行為が体罰に陥らないために

ここまで述べたように，体罰は明らかな違法行為だが，懲戒は認められている。実際の荒れる学校現場の実情を見れば，懲戒を一切行使しないということは現実的にそぐわないかもしれない。そうであれば，体罰に陥らないためにはどのようなことに注意すればよいのか考えてみたい。

（1）阻止・禁止の方策をもつこと

児童生徒の問題行為を言葉で注意してもやめないと，感情的になって手が出たり物を投げつけたりしかねない。児童生徒が問題行為をしているときに「それはやめさい」と注意してやめるのであれば学校で体罰問題など起きないであろう。

しかしながら，教師はそうした注意でやめない児童生徒などさまざまな子どもたちに向き合う専門家でもあることをまず自覚しなければならない。単なる注意だけではない禁止や阻止の方策をもたなくてはならな

い。そのためには，全国の学校で毎日のように起きているさまざまな事例を集めて検討することによって，学校現場に則した指導の手立てが見出されるであろう。

　たとえば，問題児と言われる非行少年の立場からその対応を考えてみると，彼らが一番嫌い，反抗的になる場面は，他の児童生徒のいる教室などで名指しにされて注意されたり叱られたりすることである。彼らは何を注意されたかではなく，皆の前で名指しにされたことに反発する。そこで必要なことは，まず彼を教室などから一旦離すことである。

（2）ヒートアップを収めること

　もし彼が教室から出ない場合は，出ろ出ないでもめてはいけない。その場合，とりあえず彼に「〜はいけないことだ」と問題行為の事実だけをシンプルに伝えておくのである。このような対応で教師自身も感情的にならずお互いに落ち着くことができる。

　問題行為をした児童生徒は，その行為が問題だということはだいたい分かっている。指示に従わないからといってさらに追及したり強引な対応をすると，彼らは言い訳をしたり屁理屈を言ったり，ついには暴れたりしかねない。そうなると収拾がつかず教師の対応もヒートアップしかねない。

　つまり，教師自身や注意された児童生徒の双方とも感情的になって暴力などに行動化しないように，その場を収めていくことが適切な対応である。ただし，その児童生徒が暴れ続けたり他の児童生徒に危害を加えかねないようなときは，暴れる児童生徒を抑えざるを得ない。その際，できるだけ複数の教職員で対応できるように，危機的状況における教職員間の連携方法など機動体制を整えておくことも必要になる。

4. 運動部活動の体罰問題

　運動部活動について，文部科学省（2013）は平成25年3月の通知で次のように厳しく明言した。

> 　指導と称し，部活動顧問の独善的な目的を持って，特定の生徒たちに対して，執拗かつ過度に肉体的・精神的負荷を与える指導は教育的指導とは言えない。

　それにもかかわらず，高校野球の指導者の約1割が「指導する上で体罰は必要」と考えている（2013年7月2日 朝日新聞）。これほど運動部活動においては，体罰肯定論が未だに根強いのが現状である。愛があろうが，よい効果が生じようが，児童生徒が納得しようが，いかなる事情や理由を問わず，体罰は法的に禁止されている。暴行，傷害罪にもつながりかねない犯罪であることを肝に銘じなければならない。

　健康度の高い子どもにごく単純な訓練を行う場合には，賞罰的対応がある程度の効果をもたらすことがある。そうしたことが，高校野球など運動部活動の指導者が体罰を是認することにつながっているのかもしれない。ところが運動部活動の児童生徒は，教師の体罰や否定的評価の言動によって肉体的苦痛以上の精神的苦痛を被っている。「バカ，そんな簡単なこともできないのか」「そんな失敗をするからお前はダメなのだ」という罵倒や叱責は，精神的苦痛をもたらす心理的虐待にも相当することに注意しなければならない。

　運動部活動の児童生徒への対応においても，体罰はもとより否定的な言葉は使わずに，児童生徒が達成した一つひとつの行動に肯定的評価を繰り返すことのほうが効果は大きくなる。

Ⅱ　学校における保護者対応

　学校で理不尽な要求を執拗に続ける保護者を「モンスターペアレント」と呼ぶことがある。理不尽な要求やねじ込み方をする保護者は，幼児が駄々をこねるような態度をとることが多い。無理難題を突きつける対象となる相手は，主に学校の教師や役所の公務員などである。

　教師はそうした保護者の対応に時間と労力を奪われ，最悪の場合うつ病や自殺にもつながりかねない。こうした保護者の対応には，その攻撃性の特徴を理解した臨床的対応と事実関係を踏まえた毅然とした法的対応が必要になる。教師や援助者がそうした保護者に関わるときの対応の仕方について考えてみたい。

1. 理不尽な要求を続ける保護者の攻撃性

　第4章で，子どもたちの暴力の変質について，中学生の対教師暴力が多発した1983（昭和58）年前後を境にして，「強者」にストレートに向けられた攻撃性が，いじめなど「弱者」に対する攻撃性になり，さらに2000（平成12）年に歪んだ攻撃性に変質したことを指摘した。

　そうした子どもたちの対応の困難さは，説得や指導がなかなか通用せず，強権的に対応すると一時的にはおさまるが，また同じ問題を起こすことが特徴である。その攻撃性の特徴は，理不尽な要求を続ける保護者の攻撃性に通じているところがある。そうした保護者が教師などに対して，幼児が駄々をこねるような態度をとったり，我がままを言い張ったりするのである。

　さらに，自分の思い通りにならないと急に居丈高になったり権威を笠に着たりすることがある。たとえば，警察はこう言った，弁護士からア

ドバイスされた，裁判所に相談した，要求に応じないならば訴えてや
る，などである。しかしそれは嘘であったり誇張したりしていることが
多い。実際に警察や弁護士に相談したことがあるにしても，その相談内
容を自分に都合よく脚色している場合がある。

2. 保護者対応の基本

（1）傾聴

　学校における保護者の相談や要求はさまざまであり，繰り返し相談や
要求をするからといって一概にモンスターペアレント扱いはもちろんで
きない。どのような保護者に対しても対応の基本は「傾聴」である。相
手の話の途中でこちらの意見や考えを挟まずに，まずは相手の話を最後
までしっかりと聞いて，相手が何を主張しようとしているのか，何を伝
えようとしているのかを理解することである。

　相手の「主張」とは具体的な要求（メッセージ）であり，「伝えよう
とすること」とはその要求に付随した相手の感情や思い（メタメッセー
ジ）である。したがって，傾聴とは，メッセージとメタメッセージの両
方を受け止めることであり，それが相手とのコミュニケーションの成否
を左右する。メタメッセージは対応する者の表情や態度で相手に伝わる
ので，対応しているときの自分の表情や声のトーンや態度には注意しな
ければならない。たとえば，こちらが苦虫をかみつぶしたような表情で
腕組みすれば，それだけで相手も態度を硬化させてしまいかねない。

（2）事実の調査

　こうした傾聴を基本にしながら，まず事実をきちんと聞き取ることで
ある。事実が明確になっていないのに，相手の言い分を否定したり逆に

迎合したりすることは不適切である。何が事実かについてはっきりさせることが次にとるべき対応の基本になる。

　事実の調査とは，4W1H（いつ，どこで，だれが，なにを，どのように）を時間の系列に従ってニュートラルに確認することである。事実を調査する際には，確定できる事実と確定できない事実（あいまいな事実），思い込みによる主観的な事実，などを区別しておくことである。それらを一方的に確定させたり評価を加えたりしてはならない。

　保護者が述べることと，教職員や児童生徒が述べることが一致しない場合は，事実関係に争いがある点としていったん保留しておく。こうした点は，保護者と学校との信頼関係を維持するためにも重要なことである。

（3）対応の留意点

　そのうえで，明らかな事実で学校側の対応に非がある場合は，弁解せずに率直に事実を認めて，謝罪すべき点は謝罪することである。その際，弁解をするとかえって話をこじらせてしまうことになりかねない。

　他方，事実かどうか明らかでないことや事実ではないことを認めたりしてはならない。また，出来ないことは出来ないと明確に伝えることも必要である。その場を早く収めるつもりで，「検討しておきます」「善処します」などと答えると，後でさらにもめることになりかねないからである。

3. 学校における法と臨床の協働による対応

　言うまでもなく，学校は教育の場であり無理な要求をする保護者の対応の場ではない。あくまで教育機関としての学校の立場でどうすべきか

を判断して対応することである。そのためには既述したように，まずはどのような保護者であれ，相手の話を傾聴して事実を確認したうえで，学校に非があれば謝罪をする。学校として対応可能なことと不可能なことについて意を尽くして説明をする。そうした誠実で毅然とした対応をすることが重要である。

　ところが，そうした対応でも執拗に理不尽な要求をやめないモンスターペアレントがいる。「ダメなことはダメ」と拒否するだけでは対立関係を激化させてしまうし，「お気持ちは分かりますが」とやわらげると「では誠意を示せ」とつけ込まれてしまう。ましてや，テクニックやマニュアルに頼るような対応は事態を一層こじらせてしまう。そのような保護者には法と臨床の協働による対応が必要になる。

　得てして，対応困難な保護者は，対人関係が未熟で他者に適切に関わったり援助を求めたりすることが苦手である。そのため，本来話し合いで適切に解決していくべきやり方をとらず，一方的に無理難題を要求してくる。要求の内容それ自体よりも相手が受け入れてくれないことに反発するのである。

　その場合の臨床的な関わりとしては，そうした保護者の"気持ちに沿いながら話に耳を傾ける"ようにすると，無理難題な要求の周辺事情を語ってくれることがある。そうすれば，保護者の要求について学校として出来る代替案が見つかることが多い。併せて保護者の周辺事情の相談を他機関に委ねることもできる。

　それでも保護者が収まらず，「誠意を示せ」などと抽象的な要求を繰り返したり，暗に金銭を求めたりして，学校や教師への攻撃をやめない場合や話を続けても長期間堂々巡りが続く場合には，弁護士の関与による法的対応が必要になる。

おわりに

　今後，学校の教職員も法的根拠に基づいて対応しなければならない事態が多くなるものと思われる。学校問題などでトラブルが起きたとき，起きそうなときに，法律家である弁護士のアドバイスを受けながら対応をすることが必要になる。

　ただし，最初から法を盾にしたような対応をしたり強圧的な対応をしたりすれば，それは児童生徒の親としての保護者に何も対応していることにはならない。もしかすると，クレームをつける保護者の要求に込められていることは，子どもの友人関係や学級における悩み，親と教師との関係などの問題が含まれているかもしれない。そうしたことを学校で受け止めてもらえなかった親の不満や攻撃の矛先が，家庭で子どもに向けられるのを防ぐためにも，法と臨床による対応が必要になるのである。

引用・参考文献

廣井亮一，大田原俊輔（2013）体罰問題—学校における法にかかわる問題の対応．児童心理．NO.976．金子書房．

廣井亮一，中川利彦（2014）保護者対応—学校における法にかかわる問題の対応．児童心理．NO.979．金子書房．

廣井亮一，中川利彦，児島達美，水町勇一郎（2019）心理職・援助職のための法と臨床—家族・学校・職場を支える基礎知識．有斐閣．

文部科学省（2013）体罰の禁止及び児童生徒理解に基づく指導の徹底について（通知）．

Ⅲ部

10 | 司法臨床―法と心理臨床の協働

《目標＆ポイント》
・法と心理臨床の協働＝「司法臨床」の概念を理解する。
・法的枠組みと心理臨床的枠組みを学ぶ。
・地方裁判所と家庭裁判所の基本的な違いを理解する。
《キーワード》 司法臨床，法的枠組み，心理臨床的枠組み，法と臨床の協働，
地方裁判所，家庭裁判所

1. 司法の基本的役割

　Ⅰ部，Ⅱ部のテーマに関連させて法と臨床のアプローチについて触れ
てきたが，その必要性がより要請される応用領域であるⅢ部の各テーマ
のために，法と臨床の協働＝「司法臨床」について説明する。

（1） 地方裁判所の役割

　司法の基本的役割は，刑事裁判では有罪か無罪かを判断して，有罪で
あれば刑罰を決めることである。犯罪者に刑罰を与える目的は，国家が
被害者に代わって応報する側面（応報刑）と，刑罰によって犯罪を抑止
したり犯罪者の再犯を防止しようとする側面（目的刑）がある。

　わが国は2007(平成19)年に施行した「刑事収容施設及び被収容者等
に関する法律」(刑事収容施設法）によって犯罪者の更生を目的にして，
積極的に再犯を防止することになったが，刑務所の土台にはやはり応報

的側面があることは否めない。

　民事裁判では第三者間の争いを法的に判断することを目的にしている。双方当事者が提出した証拠や資料をもとにして裁判官が判決を下すが，何が正しいのかを見極めているとは言えない。さらに，その判決によって当事者の紛争を実質的に解決することは想定していない。

　すなわち，地方裁判所などで行われる刑事裁判や民事裁判は，それぞれの法律を基準とした規範を示しているのであって，犯罪者の更生を目的にしたり，さまざまなトラブルの実質的解決を志向したりしているわけではない。

（2）家庭裁判所の役割

　それに対して，1949（昭和24）年に創設されたわが国の家庭裁判所は，その名の通り，家族の紛争解決や非行少年の更生を目的とした，家族と子どものための新しい裁判所である。少年事件においては少年の処分を決定するまでの調査を通して少年の更生を目指したり，家事事件においては調停などで家族の紛争の実質的解決を図ったりしていることが特徴である。

　その目的のために，少年事件と家事事件の一連の手続に心理学，社会学，社会福祉学，教育学などの人間関係諸科学を導入した。そうした理念を具現するために，1954（昭和29）年に家庭裁判所調査官という人間関係諸科学の専門家を家庭裁判所の主要なスタッフとして位置づけた。

　ただし，家庭裁判所はあくまでも司法としての基本的な役割として，少年事件では非行少年の処分を決定し，家事事件では当事者の主張に最終的な判断を示す。そうした司法機関としての裁判所において，家裁調査官が問題解決のために心理臨床の作用を及ぼすことによって適切な解決に導くことが家庭裁判所の特徴である。

2. 司法臨床とは

（1） 司法臨床の概念

筆者は，家裁調査官として関わった数千例の少年事件と家事事件の臨床実践例をもとに，司法的機能と心理臨床的機能の両者の交差領域に生成する問題解決機能によって，非行・犯罪や家族の問題を適切に解決することを「司法臨床」と定義した。司法臨床の概念図は図10-1のように示される。

さらに，司法臨床とは，司法と心理臨床の機能的分業による連携や協力に留まらず，司法と臨床の対等性に基づく両者のダイナミックな相互交流のプロセスによる協働によって実現する概念（図10-2）であることを実証し，その両者を有機的に統合した高次の概念として司法臨床の方法論を構築した。

司法臨床を狭義と広義に捉えれば，狭義には，司法的機能と臨床的機能を制度的に併せもつ，わが国の家庭裁判所における少年事件，家事事件の調査及び審判で展開される実践過程である。それに対して広義には，司法関連機関としての保護観察所，少年院，刑務所など，さらには児童相談所，学校，病院，その他多領域で実践される法と臨床の協働である。

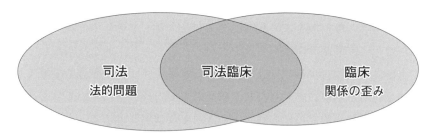

図10-1　司法臨床の概念図―その1（廣井，2007）

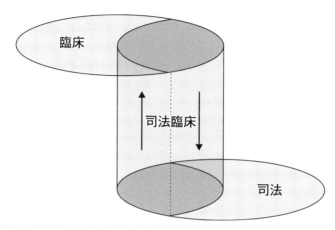

図10-2　司法臨床の概念図─その2（廣井，2007）

（2）問題解決のための法と臨床

　第Ⅱ部で検討したように，離婚，DV，虐待，扶養問題，遺産相続争いなど法に絡む家族の紛争や問題は，夫婦，親子，親族という家族関係の歪みによって起きる。それゆえ，そうした問題の解決のためには，法に焦点化したアプローチと，その水面下にある関係の歪みに臨床的アプローチをする必要がある。

　同様に，家族，学校，社会の歪みが非行や犯罪などの問題に表れるとすれば，その問題解決のためには，一連の司法手続によるアプローチと同時に，家族や学校などの各システムの修復が求められる。このことが，非行・犯罪や家族に関する諸問題に，法と臨床による関与が求められる所以である。

　さらに，両者の機能の必要性は，それぞれのアプローチの効用と限界があることにもよる。既述のように，法的アプローチの効用としては，法に伴う強制力は，少年事件であれば，非行という行動化の阻止，更生

に向けたプログラムの実行を強制することができる。家事事件などでは履行確保のために事案に応じて間接，直接強制を可能にする。こうした強制や命令という作用は，臨床的アプローチでは基本的に採用しない。

　それでは，法によるアプローチだけで問題を解決することができるかといえば，もちろん限界がある。人は法が示す規範や強制力に対して，意地になり頑なな態度をとることがある。人と人との争いや家族の紛争には恨みや妬みという情念がつきまとう。そうした根深い感情が問題の解決を困難にする。このような人や人間関係へのアプローチに臨床による関与が必要になる（廣井，2011）。

　さらには今後，地方裁判所においても犯罪や紛争の類型に応じて，犯罪者の更生や隣人トラブルなどの実質的解決を目指すことが期待される。また，司法臨床の展開の1つとして，刑事司法では，訴訟構造に基づいた今までの司法モデルから，犯罪者の再犯防止と治療に主眼を置いた「治療的司法モデル」の構築などが挙げられる。このように見ると，現代社会が司法に要請するさまざまな問題や課題の解決については，狭義の司法臨床に留まらず，広義の司法臨床として取り組むことが求められていると言える。この点については15章で詳述する。

3. 司法臨床の必要性

　1章で詳述したが，少年司法は罪に対する罰を下すことが目的ではなく，少年がその事件を契機にして立ち直ることができるように援助することが目的である。ただし，少年事件も犯罪であるかぎり，少年の罪を不問に付すことではできない。罪を自覚させてその責任を付与することも必要である。

　しかし，裁判官がどれほど罪の重さを指摘し厳罰を下したとしても，

当の少年に責任を自覚する準備状態がなく，また，保護者がそれをないがしろにするような対応を続ける限り，何度，少年院に送致しても矯正教育の効果はあがらず再犯は続くであろう。

　それでは，非行少年の問題解決において，法はどのような作用を及ぼすのであろうか。少年非行をもとに説明する。

（1）法の作用－非行行動への介入
①　激しい行動化の阻止

> 　ある中学校のスクールカウンセラーは，非行の初発段階の少年と関わり，何とか少年の非行を食い止めようとしたが，少年は無免許運転をやめず暴走族に入り，暴走行為を繰り返すようになった。カウンセラーは，カウンセリングの基本である受容と共感だけでは対応できないと嘆いた。

　多くの犯罪者は精神に破綻をきたさないために犯罪を起こすと言われるように，非行少年も内に抱える，激しい攻撃性，不安，葛藤などから自らを防衛するために非行という問題行動を起こす。

　非行少年の対応で困難なことの1つは，非行行動が繰り返されて徐々に過激になってしまうことである。それゆえ，非行の行動化に対する阻止，禁止という介入が必要になる。その点，非行という問題行動はそれ自体が法の介入が可能な行為であるから，非行少年の行動化に対しては，法に基づく，警告，保護，逮捕などの強制的措置の執行で対処することができる。それと同時に，臨床の受容と共感による少年のサポートが必要になる。

② 問題行動の集団性への対応

> 中学生集団によるホームレス傷害事件の少年の供述
> 「街が汚いのは浮浪者がいるせいだ。俺たちはそれを掃除している
> んだ。町の美化運動だ」「あいつらは仕事もしないでゴロゴロして
> いるだけだ。生きていたってしょうがないだろう。掃除は一人じゃ
> たいへんだから，皆でつるんでやっているんだ」

　中学生の集団によるホームレス襲撃が起きることがある。ホームレス
など弱者に向ける攻撃が現代の少年たちの非行の特徴の一つでもある。
2章で詳述したように，少年たちの非行は集団性，共同性を帯びやすい。
特に，最近の非行集団の形態は，少年たち一人ひとりの位置と役割が明
確ではなく，自他未分化に絡み合ったアメーバー状の集団になるか，
ネットを通したつながりになっている。ひと昔前のリーダーを中心に組
織化された大規模な非行集団から，数人による小集団へと変化している。
　いずれにしても，集団性を帯び易い非行少年に対処するためには，法
の強制力で非行仲間との関係を遮断したり不良集団を解体したりするこ
とが必要になる。そのうえで，集団から引き離された個々の少年の孤
独，寂しさに寄り添う臨床的援助が求められる。

③ 改善意欲の乏しさへの対処

　非行少年は，問題行動を自らが改善しようとする意欲を初めからもつ
ことは少ない。当然，彼らも困難さや息苦しさを奥深くに潜ませている
が，それを自覚して援助を求めようとはせず，逆に過激な反抗や問題行
動を繰り返すという態度を示しやすい。
　このようなことから非行少年に対するアプローチにおいて最も困難な
ことは，少年への援助関係がなかなか形成できないことや，もともと少
年本人に関与することすらできないことである。

　その点，法はそうした非行少年に出頭を命令したり更生に向けたプログラムの実行を強制したりすることができる。保護観察など在宅処遇に決定された少年が保護司等の指導に訪れるのは，指導を受けなければ再び家庭裁判所の審判に付されるという法の強制力によるところが大きいからである。

（２）臨床の作用

　以上のような法に伴う，阻止，禁止，強制，命令という作用は，カウンセリングやケースワークなどの援助関係においては忌避される権力的対応とみなされることが多いが，非行という問題行動への介入と関与において必要になるのである。

　ただし，法的アプローチを行うときには，同時に心理臨床の作用が欠かすことができない。法による阻止，禁止，強制には，法を犯した者に対する「罰」が背後になっているため，いかに正義にかなう対処だとしてもそれだけでは非行少年の更生にはつながらない。

　逆に，少年たちは，法が示す規範，罰を背後にした強制力に対して，反発や反抗をしたり表面を取り繕って卑屈な態度をとったりして再犯に陥ることが多くなる。そうした非行少年たちの反作用に臨床の作用が対処する。また，法によって一旦断ち切られた，少年と友人との関係を修復したり，家族関係の歪みを調整したりすることができる。このようにして，人や人との関係へのアプローチに臨床の機能が発揮されるのである。

4．法的枠組みと心理臨床的枠組み

　ここまで述べた，法と心理臨床の機能が生じる両者の基本的枠組みは

表10-1のように示される。基本的枠組みとは，ものの見方，捉え方等のことである。このことを理解しておくことは，法と心理臨床の機能を適切に行使することにつながる。表10-1は，①準拠の基準，②事実の捉え方，③時間軸，④境界の設定，⑤思考のプロセス，⑥認識の方法，の観点からまとめたものである。

（1）法的枠組み （田中，1989）

① 法的基準：裁判における判断と解釈の基準は法であるということ。法的な根拠に基づいて考えるという法的思考の基礎をなすものである。

② 事実の法的構成：有罪無罪の確定や権利義務の関係に関連のある事実とそうでない事実を区別すること。事件や紛争に直接関係のない部分は切り捨てられる。

③ 過去志向性：裁判の対象は，過去の行為としての事件や紛争の事柄である。将来にわたる問題や紛争の解決や調整は二次的に考慮されるに過ぎない。

④ 二分割的判断：法的判断では，有罪無罪や権利義務関係について明確にすること。それらに関連する事実関係はあいまいなままにせ

表10-1　法と心理臨床の基本的枠組み （廣井，2007．一部修正）

	①準拠の基準	②事実の捉え方	③時間軸	④境界の設定	⑤思考のプロセス	⑥認識の方法
法的枠組み	法的基準	法的構成	過去志向性	二分割的（白黒）	論理的整合性	直線的因果論
心理臨床的枠組み	個別的基準	多面的把握	未来志向性	非分割的（灰色）	ら旋的思考	円環的認識（システム論）

ず，明瞭な境界線を設定する。

⑤ **論理的整合性**：法的結論に至るまでのプロセスは，いわゆる三段論法をもとにする。形式面ではデュー・プロセス（適法手続）として行われる。

⑥ **直線的因果論**：原因が結果を直線的に規定するという因果論に基づく。犯罪事実の認定や当事者の責任を明らかにするための司法判断の根幹をなすものである。

（2）心理臨床的枠組み（廣井，2007）

　心理臨床的枠組みは，「人とその関係」について対処するための思考法だと言える。心理臨床学の特徴は，人間を人と人との相互関係の所産として捉え，動的にアプローチすることが特徴である。心理臨床学の学派はさまざまであるが，その目的は，ある問題（課題）を解決（援助）するために「人とその関係」について対処するという点において共通している。

　しかしながら，「人」や「関係性」をどのように捉えるかということは，そのもとになる人間観や世界観によって方向づけられるものであるから，心理臨床学の枠組みを一義的に定めることはできない。そこで，ここでは先に述べた法的枠組みと対比させることによって，心理臨床的枠組みの基本的なものの見方を提示する。その際，家族全体や複数の対象者を扱うことを想定したモデルとして，主に家族システム論に基づく観点を取り入れている。

① **個別的基準**：一人ひとり異なる個別性に準拠することが基本になる。また，人間を生物学的な閉じられた個体としてではなく，関係性の所産であると理解することも特徴である。

② **事実の多面的把握**：事実をある側面に限定せずに，全体的なコン

テクスト（文脈）において多面的に理解すること。事実（現象）の
もつ多義性に着目するということである。

③ **未来志向性**：基本的な視点は，現在から未来に向けられている。
過去を見るのも，基本的にはその出来事が，その後にいかなる影響
を与えるのかという視点である。

④ **非分割的思考**：白黒の喩えでいうならば，心理臨床においてはむ
しろ灰色の領域に着目する。渾然とした現実世界を捉えるために重
要な視点である。

⑤ **ら旋的思考**："揺らぎ"や"やわらかさ"を伴う，非線型的な思考過
程である。

⑥ **円環的認識論**：システム論的家族療法などでは，原因が結果を規
定するという直線的因果論によらず，事象を円環的，回帰的な関係
の連鎖の中で捉えることが特徴である。

　法の直線的因果論と心理臨床の円環的認識論の関係を図式的に示す
と，図10-3（廣井，2010）のようになる。心理臨床の視点は問題を含
む事象全体の円環的な連鎖関係を見極め，法の視点はその円環から「原
因→結果」の因果関係を切り取り出していることが分かるであろう。

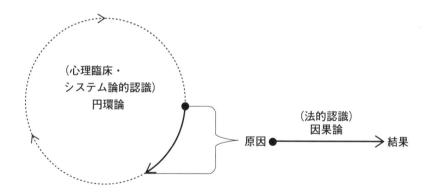

図10-3　直線的因果論と円環的認識論の関係（廣井，2010）
　　　出典：廣井亮一「家族臨床における法的介入」（『家族心理学年報28』日
　　　本家族心理学会編，金子書房，平成22年）

5. 法と臨床のコラボレーション ＝司法臨床の展開のために

　松浦（2006）は，妥当な事件処理を考える法律家は，必ず当事者や関係者からいろいろな情報を丹念に集め，法律以外の専門家から提供される情報やアドバイスに丁寧に耳を傾けていると述べ，その役割を「オーケストラのコンサートマスター」に喩えている。筆者の家裁調査官時代の経験からしても，家庭裁判所の審判を通して非行少年が更生に向かい，家事当事者が紛争を解決する転機となるのは，家裁調査官の臨床的関与だけではなく，優れた人間知にあふれる裁判官や弁護士などの法律家と共に少年に関わったときであった。

　ところが法的枠組みと心理臨床的枠組みの関係は，先に述べたように，ものの見方や捉え方が基本的に異なったり，両者の機能が相反したりしている。さらに，法的枠組みは，他の思考モデルを原理的に排除ないし，制約することによって独自の議論領域を形成してきたこともあって（田中，1989），司法臨床の展開は困難を極めることになる。

　したがって，司法臨床の展開のためには，従来の連携や協力（cooperation）を超える，コラボレーション（collaboration；協働）による援助システムの確立が必要になる。コラボレーションとは，「所与のシステムの内外において異なる立場に立つ者同士が，共通の目標に向って，限られた期間内に互いの人的・物的資源を活用して，直面する問題の解決に寄与する対話と活動を展開すること」である（亀口，2002）。

　さらに，法と心理臨床のコラボレーションとしての司法臨床の展開のための要点は，単に，法と心理臨床の役割を分業したり，共通点や妥協点を見出すことだけではない。むしろ，法と心理臨床の価値観，方法論

の違いを前提としながらも，少年と家族の問題や紛争の解決のために，お互いの異なる枠組みを尊重しながら対等にぶつかり合っていくことが必要である。

　もともと法の精神として，「人は独立した一個の人格として尊重されなければならない」という，人間に関する重要な概念を前提にしている。「一個の人格」とは，今までに述べた臨床に基づく人間観である，「総体としての生身の人間」の意味と行き着くところは変わらない。このことが，まさに，法と臨床が限りなく交差することによって生成する，「司法臨床」の本質である。

引用・参考文献

廣井亮一（2007）司法臨床の方法．金剛出版．

廣井亮一（2010）家族臨床における法的介入．家族心理学年報．28，147-159．

廣井亮一（2011）「司法臨床」の概念．法と心理．2011（1）1-6．法と心理学会．

亀口憲治（2002）コラボレーション―協働する臨床の知を求めて．現代のエスプリ．419．5-19．至文堂．

松浦好治（2006）司法の枠組み．現代のエスプリ．472．36-45．至文堂．

田中成明（1989）法的思考とはどのようなものか．有斐閣．

Ⅲ部

11 | 加害者臨床

《目標＆ポイント》
・非行少年や犯罪者など加害者に対する臨床の要点を理解する。
・少年非行の類型に応じた，法と臨床の両軸による理解と対応の仕方を学ぶ。
・加害者の更生に向けた動機づけと暴力行為の阻止について，法と臨床による介入の方法を理解する。
《キーワード》 反社会的問題行動群，不特定対象型問題行動群，非社会的問題行動群，親密圏型問題行動群，オーディールセラピー，リアリティセラピー

はじめに

「加害者臨床」という言葉はあまり聞きなれないと思う。

成人の犯罪者は刑が確定すると，かつて牢屋や監獄と呼ばれた所に閉じ込められて刑罰を下された。その後，刑務所と改称されたが，1908（明治41）年に制定された監獄法に基づいて運営されており，受刑者の人権を侵害するような事件も起きた。

そのような経緯で，監獄法が廃止され，2007（平成19）年に「刑事収容施設及び被収容者等に関する法律」が施行された。その受刑者処遇の原則は，受刑者の資質及び環境に応じ，社会生活に適応する能力を図ることが規定され，受刑者の更生，再犯防止のための処遇が行われることになった。

さらに，2016（平成28）年の再犯防止推進計画では，再犯防止に向

けた教育等の充実や，医療，福祉サービスなどの支援も挙げられて，受刑者処遇における多角的なアプローチが要請されている。

　このような刑務所における受刑者処遇に示されているように，犯罪者や虐待する親，ストーカーなど加害者の特性に応じた対応やケアが，さまざまな場で行われるようになってきた。

　本章では，そうした犯罪者，非行少年等に対する更生のための臨床的アプローチを「加害者臨床」と呼ぶことにする。

1. 少年非行の４類型

　法と臨床の交差領域に位置づけられる加害行為は，「法の軸」と「臨床の軸」によって4類型に分類される。法の軸とは，犯罪行為に対する法で定められた刑罰の大小を基準とするもので，他者に対する回復不可能な加害行為が最も重大に，自分を傷つける行為や回復可能な行為（被害弁償などによる）は比較的軽微に位置づけられる。それに対して，臨床の軸に一義的な基準はない。対象の属性，加害者と被害者の関係性，問題解決のための方法などによる多義的な基準である。

　図11-1は少年非行を法の軸と臨床の軸（加害少年と被害者の関係性）で位置づけたものである。ただし，それぞれの軸上の位置の置き方によって各プロットはそれに応じて変動するので便宜的な図である。

　第Ⅰ類型は，殺人，強盗，暴行など他者に危害を加える反社会的問題群。第Ⅱ類型は，攻撃対象が入れ替わる現代型いじめ，不特定者を対象にした振り込め詐欺や万引きなどの不特定対象型問題群。第Ⅲ類型は，薬物非行，自傷，援助交際，など自分を傷つける非社会的問題群。第Ⅳ類型は，校内暴力，家庭内暴力，家庭内殺人など，学校や家族における親密圏型問題行動群，の4類型に大別される。

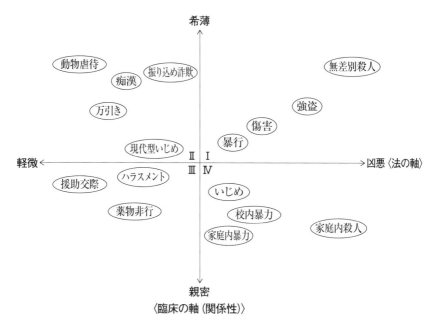

図11-1　非行・犯罪の4類型

第Ⅰ類型―反社会的問題行動群

　反社会的問題行動群の特徴は，攻撃性が他者に向かい，法規範の逸脱行為として直截に示される問題行動である。たとえば，暴行，傷害などの暴力非行や暴走族による共同危険行為などの集団非行，そして他者への最たる加害行為としての殺人などが位置づけられる。

　その結果，被害者に対する加害行為の重大性と被害者感情が重視され，法の軸が最も強調される領域になる。それだけに，少年の更生のための臨床的視点を明確に維持しないと，昨今の非行少年に対する現状のように応報的，懲罰的な処分に陥りかねない。特に，少年事件が検察官送致にされた場合，法に伴う「罰」をいかにして少年の更生のために展

開することができるのかについて，臨床的観点による検討を十分にしなければならない。

「殺す相手は誰でもよかった」という無差別殺人は，「対象が無差別ということは，怨恨で殺すのが特定の『誰か』であるのと反対に，対象に特定性を失っている」（芹沢・高岡，2011）のであり，次のⅡ類型に分類されるが，複数の殺人に対する法の軸は極刑になるためⅠ類型にプロットした。

第Ⅱ類型─不特定対象型問題行動群

この問題行動群は，加害者と被害者の関係が不明確，あいまいであることが特徴的である。Ⅰ類型の，攻撃する者と攻撃される者の相互の関係が明確であることと対照的である。

たとえば，ネットを用いた匿名による誹謗や中傷による陰湿な攻撃。現代型いじめの特徴である，いじめ加害者─いじめ被害者─傍観者─仲裁者の入れ替わり，など加害者と被害者の関係があいまいで不特定なことに示される。親族などを装い不特定他者（多くは高齢者）を対象とする振り込め詐欺も同様な特徴がある。

また，万引きや痴漢（強制わいせつ罪などに相当する場合もある）もⅡ類型の問題行動である。両者に共通する点をあえて指摘すれば，万引きがモノの窃取であるように，痴漢は他者の人格を無視したモノ化的犯罪である。そうした加害者は，被害者の人としての痛みや傷つきなどに対する共感性に乏しい。Ⅱ類型の問題行動群は，法的には軽微な処分で済まされることが多いが（ただし，強制わいせつ罪に相当する痴漢の量刑は重い），加害者臨床の視点からはその態様や予防について検討を要する領域である。なお，万引きの常習者にはクレプトマニア（窃盗症）に該当する人がいる。

第Ⅲ類型─非社会的問題行動群

　非社会的問題行動は，攻撃性のベクトルが自分に跳ね返り，自分自身を傷つけてしまう問題行動群である。シンナーや麻薬などによる薬物非行，援助交際などの売買春行為，リストカットなどの自傷行為が位置づけられる。自傷行為は，攻撃を向ける加害者性と向けられる被害者性が一体になって，その自己に内在していることが特徴である。

　この問題行動群には生育歴に虐待を受けた少年たちが多いことも特徴である。少年院の男子の30.7 ％，女子の43.3 ％が被虐待経験がある（法務省，2017）。14歳未満の触法少年や非行傾向のある子どもが入所する児童自立支援施設の58.5 ％の児童が被虐待経験がある（厚生労働省，2015）。Ⅲ類型には女子非行が多いことも特徴であり，女子少年と保護者や交際相手との関係が非行の原因になっていたり，被害的な経験をしている場合が多いことが指摘されている（法務省，2013）。

第Ⅳ類型─親密圏型問題行動群

　この問題行動群は，家庭内暴力，家庭内殺人，校内暴力など，家族や学校のような親密圏における問題行動群である。児童虐待や体罰，いじめなどで揺れる現代の家族や学校は，発達に応じた子どもの甘えや依存性が適切に受容されず，親密性を担保する領域になっていない。そのため，子どもたちは甘えや依存性の裏返しとして，反抗や攻撃性を親や教師に向ける問題行動を示す。

　このような依存性と攻撃性のアンビバレントな様相は，"よい子の非行"といわれる現代型非行を理解する視点にもなる。幼少期から学童期にかけて攻撃性が過剰に抑圧されると，攻撃性はそれに付随する依存性が表面化して受身的に表現され，受動攻撃的な反応を示すようになる。そのような受動攻撃的な権威（権力）に対する反応について，ウィトマ

ン（Whitmann, R.M.）は次のような点を指摘している（加賀，1979）。

　①権威に向かって潜在的には闘争的な傾向をもちながら，権威者との関係において受身の依存的な立場に身を置くという退行した態度を保持する。②自分を強く主張することを内的な罪悪感や報復の恐れから抑圧してしまう。③権威に向かって怒りや攻撃的感情を直接表示できない。④権威に対して都合のよいイメージ（よい子のイメージ）を作る。

　こうした子どもたちの受動攻撃的な状態が，"よい子の凶悪重大事件"という現代型非行を顕現しているように思われる。

　以上のように，非行，犯罪，いじめ，虐待，DV，などの加害行為について対応するときには，法と臨床の両軸による理解をすることが大切である。

　たとえば，私たちは，加害行為としての「暴力」というと，殴る，蹴る，傷つける，といった激しい攻撃行動を思い浮かべるが，法的には，触れる，撫でる，突っつく，というソフトな行為も暴力になる。法が規定する暴力とは，（法の言葉では）「有形の力の行使」をされた側が，嫌だ，恐い，痛い，といった嫌悪感情を抱いたとき（「その行為を承諾しないとき」）に，その行為がまさに「暴力」になる。

　このように暴力を法的観点から捉えれば，暴力をふるう加害者の動機と同様にふるわれた被害者の感情，さらには加害者と被害者との関係，暴力が行われた状況などが重要になる。このことは臨床的観点として欠かすことのできない，人と人との関係性やその文脈（状況）を理解することの重要性につながる。すると，「暴力」を司法臨床的に定義するとすれば，暴力とは加害者と被害者の関係性の中で立ち上り，その文脈で意味づけられていくものだということができる。

　こうした点からすれば，家庭や学校という親密性の高い場所での，虐

待，DV，いじめなどの暴力行為については，特に加害者と被害者の関係性が重要な視点になる。さらに，無差別殺人，路上強盗など加害者と被害者が全く関係がない場合でも，その加害者を取り巻く家族関係や社会との関係性に着目しなければならない。したがって，暴力などの加害行為に関する問題を解決する要点は，加害者を取り巻く関係性を修正していくことであると言えよう。

2.　犯罪・非行の更生に向けた動機づけと臨床的展開

（1）犯罪・非行の更生に向けた動機づけ

　非行少年や犯罪者の更生の意欲，動機が乏しいとすれば，非行や犯罪という問題行動を放棄せざるを得ない状況を設定することが必要になる。

　システム論的家族療法家で戦略派と呼ばれるヘイリー（Haley, J.）は，いかなる心理療法においても患者が症状や問題行動から治癒する過程では，治療に伴う「苦行」（苦しみ）を実行するよりも，症状を放棄すること（治癒すること）を選択するとして，オーディールセラピー（Ordeal Therapy；苦行療法）を提唱した（Haley, 1984/高石昇他訳，1988）。すなわち，オーディールセラピーのアプローチでは，症状を抱えた患者や家族にあえてオーディール（「苦行」）を課すことによって，その課題を遂行することよりも症状や問題行動を放棄するように治療状況を設定するのである。

　患者やその家族が変化するということは，今までの生き方を変えなければならず不安を伴う。症状や問題を抱えた患者は，その症状によって何らかの疾病利得がある。家族にとっては，たとえば少年の非行という問題によって夫婦の不和が隠ぺいされていたり，家族が崩壊に至らず維

持されているという側面もある。

　そのため，患者や家族は，治癒したり問題を解決したりすることを望んでも，症状や問題行動を放棄することに大きな低抗を示すことになるのである。

　たとえば，エリクソン（Erickson, M.）の症例では，夜尿症に悩む少年には「君の体力が余って熟睡できないことが夜尿につながっているから，夜尿をしたら必ず2マイルの散歩をしてくること」。不眠症の女性には「不眠の時間を有効に活用するため，絶対に眠らないでディケンズ全集を読破すること」などをオーディールの課題にしている（Haley, 1985）。これらの課題は，いずれも患者にとっては辛いこと（苦行）であるが，常識的で遂行可能な課題である。患者は治療上のためのこのオーディール課題をやり遂げるより，症状を治して治療を終えることを選択するのである。

　しかし，非行という問題行動は，夜尿や不眠などの症状と異なり，少年は非行を治したいとは思っていない。そこで，非行には少年院送致による自由の拘束などの「罰」が伴っているという法的結末（legal consequence）を明確に伝えること。そのうえで，違法行為である非行を法で明確に禁止して，更生を成し遂げるように「強制」することが非行臨床におけるオーディールセラピーとなる（廣井，2008）。

　この点について，ヘイリーは「苦行のおもな必要条件はちょうど罰が，おかした罪に見合うものであるのと同様，症状と同程度かそれ以上に苦痛であることであること」「援助を求めていないのに強制的に治療にはいる人々は，この点もっとはっきりしている。すなわち，治療をやりとげるよう強制されること自体が苦行なのである」と述べている（Haley, 1984/ 高石昇他訳，1988）。

（2）犯罪・非行の臨床的展開

　リアリティセラピー（Reality Therapy；現実療法）によって犯罪・非行の治療に多大な成果をあげたグラッサー（Glasser, W.）は，現実を否定して虚構の中に逃げ込もうとしている非行少年に対して，治療者が彼らの非現実的な行動を毅然と否定し，現実世界を直視させることの重要性を説いている（Glasser, W., 1965/ 真行寺，1975）。

　リアリティセラピーの特徴は，他のセラピーのように過去や感情，症状に焦点を当てるのではなく，現実に直面させること，責任性を付与すること，正・不正に基づいてアプローチしていることである。新しい現実療法では，重要他者との人間関係に焦点を当てている。

　現実に直面させることとは，過去の出来事や自分の思いではなく，まさに現在の事実に焦点を当てる。責任の付与とは，他者は変えられないが自分の行動は選択でき，それには責任が伴うということである。そうしたことを正・不正の価値判断に基づいて，人間関係の修復を援助するのである。

　非行少年や犯罪者の治療では，ヘイリーやグラッサーが指摘している「苦行」「禁止」「否定」「強制」などをいかに臨床的に活用して展開させることができるかが要点になる。ただし，ここで注意しなければならないことは，非行・犯罪臨床において苦行，禁止，強制を挙げると，非行少年や犯罪者には厳罰で懲らしめることが再犯防止や彼らの更生のためになるという短絡的対応に陥ってしまうことである。厳罰で懲らしめるなどということは，オーディールセラピーやリアリティセラピーと似て非なるものである。

　ヘイリーは，「治療的な善意ある苦行と，治療者自身の利益，もしくは社会からのコントロールのための苦行とは厳密に区別しておく必要がある。盗人を入牢させることは，苦行のカテゴリーには入らず，社会か

らのコントロールを実行する手段なのである。すべての治療者は，治療の名のもとに人々を迫害しないように注意しなくてはならない」（Haley, 1984/高石昇他訳，1988）と指摘している。この点は，司法の権力構造における非行・犯罪臨床においては，特に留意しなければならないことである。ただ苦痛となるような課題を与えても，それは単なる罰に過ぎず非行・犯罪臨床としての治療的な展開にはならない。

　ヘイリーはオーディールを課すためには「慈愛」，グラッサーはリアリティを直視させるためには「友愛」，がそれぞれのセラピーにおける必要条件になることを強調している。「友愛」とは「だれかが私を愛している，また私もその人を愛しているという確信。私はその人にとって価値がある存在だし，その人にとっても価値ある存在だという確信」（Glasser, 1965/真行寺，1975）であり，まさに臨床的関わりの基本でもある。

　非行少年はこうした親密な人間関係の形成に失敗しているため，さまざまな治療抵抗を起こして治療者の人間性を試そうとする。この点は非行・犯罪臨床における重要な点である。40年以上にわたって非行少年の精神科治療に携わってきた石川（2007）が，非行少年を一人の人間として尊重し礼儀正しく真剣に接することの重要性を説くのも，治療者の誠意が非行少年との関わりを成立させる基本であることを示すものである。

3. 非行の行動化へのアプローチ

　暴力行為に限らず，非行臨床における困難性の1つとして，行動化への対処（行動化の阻止）が挙げられる。学校の問題行動でいえば，教師や友人に対する暴力，器物の破壊などが繰り返されている時などである。

　前項で述べたように，非行臨床においては，法的側面からは非行という問題行動を放棄せよという強制的指示が下され，臨床的側面からはそれを成し遂げることができるように温かく見守りながら，そのための方

法と非行を放棄した後の行動の幅を広げる援助が必要になる。このようにしてはじめて，強制や罰を基調とする法的関与が非行・犯罪臨床としてのアプローチに展開していくのである。このことは，非行・犯罪治療における行動化に対処するための，法と臨床による治療的二重拘束（therapeutic double bind）とも言えるであろう。

　非行少年は，不安，怯え，怒り，などさまざまな陰性感情を非行という行動化によって紛らわせ，非行行動によって陰性感情をさらに刺激するという悪循環に陥っている（図11-2）。

　そのような少年に対して，法的介入によって行動化の禁止・阻止をする（図11-3）。行動を禁止された少年は治療者に陰性感情を向けてくる。

図11-2　問題行動が繰り返される悪循環（廣井，2008）

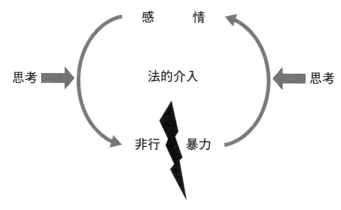

図11-3　悪循環を断ち切る機能としての法的介入（廣井，2008）

ここで治療者に要求されることが，少年の感情に焦点化しそれを読み取りながら言葉に置き換えて，少年にフィードバックしていくことである。つまり，思考（言葉）を介在させることで陰性感情を中和し，行動を制御していくのである。

　すると，少年は徐々につたないながらも自らの言葉に託して，澱のように溜まった感情を吐き出すように語り始める。次に，治療者は少年の言葉による表出を促しつつ，少年が語る言葉と感情を真剣に受け止めながら，少年のネガティブな言葉を徐々に適切な言葉に調整していく。

　以上をもとにした，非行の行動化に対する法と臨床のアプローチについて，次のように各段階ごとにまとめることができる。（廣井，2008）

4．非行，暴力行為への対応の諸段階

第1段階：非行，暴力行為の行動化の阻止（法的アプローチ）

　少年が激しく暴れる場合，学校現場であれば別室に移したり，出席停止や停学の措置をとる。暴行や傷害を起こした場合は児童相談所や警察に通報する。このような方法によって，暴力行為や非行行動をまず阻止する。

第2段階：感情への焦点化：感情を読み取りフィードバックする（臨床的アプローチ）

　少年のネガティブな行動を禁止し阻止すると，ネガティブな感情が増幅して表現される。その感情にはさまざまな思いや意味が込められている。表面的には，行動を禁止した者に対する，怒り，憎しみ，が示されるが，そこには，悲しみ，寂しさ，という孤独感が付随している。さらには，ネガティブな行動を阻止してもらったという，安堵感，安心感，

さえも読み取ることができる。こうした少年の感情に込められた幾重もの意味を読み取り，それを言語的，非言語的にフィードバックしていく。このように感情に焦点化するだけで，怒りを表出していた少年の気持ちが徐々に落ち着き，変化していく。

第3段階：再行動化の牽制（法的アプローチ）

　非行性の進んだ少年ほど，良好な治療関係が形成されつつある段階で，治療者との関係性の確認のメッセージとして，少年が再非行を起こしてしまうことが多い。それは少年の「こんな俺でも見捨てないか」という再確認のメッセージである。

　それに対処するためには，少年をしっかりとホールディング（holding）しながら，絶対に見捨てないと伝えること。それと同時に，非行を起こすと治療関係にかかわらず，法律によって拘束されてしまうという法的結末（legal consequence）を再度明示しておくことである。このようにして，再行動化としての非行行動を牽制することが非行臨床には必要になる。

第4段階：言葉の受容：言葉による表現を促し言葉を育てる（臨床的アプローチ）

　少年の感情を読み取りフィードバックしていくと，少年は少しずつ言葉を投げ返してくるようになる。当初は攻撃的な言葉や過激な言葉かもしれないが，少年が感情を言語化したこと自体に意味がある。今まで，ネガティブな感情や気持ちを非行という行動でしか表現しなかった少年が，言葉で表現するようになったからである。

　その少年の言葉を受け止め，感情の機微に沿いながら，過激な言葉や汚い言葉を徐々に修正したり置き換えたりして，少年の言葉（思考）を

168

育て増やしていくようにするのである。

　以上のように，法と臨床によるアプローチ＝司法臨床によって，陰性感情と非行・犯罪行為の悪循環を阻止して，感情の中和と行動制御のための思考を介在させていくことが，加害者臨床の要点である。

引用・参考文献

Glasser, W.（1965）Reality Therapy：A New Approach to Psychiatry.Harper & Row.（真行寺功訳．現実療法．サイマル出版会．1975.）
廣井亮一（2008）非行治療に向けてのシステムズ・アプローチ．精神療法．34巻2号．
廣井亮一（2012）加害者臨床．日本評論社．
Haley, J.（1973）Uncommon Therapy：The Psychiatric Techniques of Milton. H.Erickson, M.D.W.W.Norton Company, New York.
Haley, J.（1984）Ordeal Therapy：Unusual, Way To Change Behavior.Jossey-Bass, Inc, Publishers, San Francisco.（高石昇・横田恵子訳．戦略的心理療法の展開．星和書店．1988.）
Haley, J.（1985）Conversation with Milton H.Erickson, M.D. ：Vol.III, Changing Children and Families.W.W.Norton Company, New York.
法務省（2017）平成29年版犯罪白書．
石川義博（2007）少年非行の矯正と治療．金剛出版．
加賀多一（1979）受身－攻撃型人格とその臨床．原俊夫，鹿野達男編．攻撃性：精神科医の立場から．岩崎学術出版．
厚生労働省（2015）平成27年児童養護施設入所児童等調査結果．
芹沢俊介・高岡建（2011）「孤独」から考える秋葉原無差別殺傷事件．批評社．

Ⅲ部

12 ｜ ストーカー犯罪

《目標＆ポイント》
・ストーカーとは何かについて，ストーカー行為等の規制等に関する法律によって具体的に理解する。
・ストーカー対策の現状と課題について，警察が対応した100ケースの質的分析をもとに考える。
・ストーカーの「怨み」と「恨み」の違いを踏まえたうえで，それぞれのストーカー行為への対応を理解する。
《キーワード》 ストーカー，ストーカー行為等の規制等に関する法律，つきまとい等，ストーカー行為，「怨み」と「恨み」

はじめに

　ストーカーによる犯罪がわが国でも社会問題になり，桶川女子大生ストーカー殺人事件を契機として，ストーカー行為等の規制等に関する法律が2000（平成12）年に成立した。しかしその後もストーカーによる犯罪は後を絶たず，2009（平成21）年の新橋ストーカー殺人事件，2011（平成23）年の長崎ストーカー殺人事件，2012（平成24）年の逗子ストーカー殺人事件など凶悪なストーカー犯罪が起きている。逗子ストーカー殺人事件では電子メールによるストーカー行為に対する法の不備が指摘され，2013（平成25）年に同法を強化する改正規制法が施行された。
　このようにストーカーに対する法的対応が強化され，メディアの報道などで市民のストーカー問題への関心が高まる中でも確信犯的ストーカー事件は止むことなく，2013年に三鷹女子高生刺殺事件，2014年に

館林市拳銃ストーカー殺人事件が起きている。館林事件では，加害者は被害女性に対する暴行で逮捕され，罰金刑及びストーカー規制法による警告を受け，さらに警察は加害者の行動に注意し，被害女性は住民票の閲覧制限をして転居したが，加害者の執拗なストーキングは続き，結局被害女性は殺害された。

　さらに，2016（平成28）年の小金井市ストーカー殺人未遂事件などソーシャル・ネットワーキング・サービス（SNS）での行為による被害が続いたことを受け，2017（平成29）年にSNSやブログ上でのつきまとい行為の禁止，ストーカー行為罪の罰則の強化，非親告罪化などの改正規制法が施行された（図12-1：警察庁，2018に一部加筆）。

　このような相次ぐストーカーによる重大事件と法改正の繰り返しを見るにつけ，ストーカー加害者への対策が果たして適切なのか，そうでないとすればどのような対策が必要なのか。本章ではそれを問題の所在として，ストーカー加害者に対する，法と臨床の協働＝「司法臨床」の観点から検討する。

図12-1　警察が認知したストーカー事案の推移（平成12年～平成28年）

1. ストーカーとは

　ストーカー行為等の規制等に関する法律（改正 平成29年6月施行，以下「ストーカー規正法」）で規制の対象となるのは，「つきまとい等」と「ストーカー行為」である。

（1）「つきまとい等」

　「つきまとい等」とは，「特定の者に対する恋愛感情その他の好意の感情又はそれが満たされなかったことに対する怨恨の感情を充足する目的で，当該特定の者又はその配偶者，直系若しくは同居の親族その他当該特定の者と社会生活において密接な関係を有する者に対し，次の各号のいずれかに掲げる行為をすること」（法2条）である。

① つきまとい・待ち伏せ・見張り・押し掛け・うろつき
　　改正法でうろつくことも規制の対象になった。
② 監視していると告げる行為
　　被害者をいつも監視していると告げる行為などである。
③ 面会や交際などの要求
　　被害者が拒否しているにもかかわらず面会や交際を迫ることなどである。
④ 粗野，乱暴な言動
　　「死ね」「殺す」と言ったり大声で怒鳴ったりすることなどである。
⑤ 無言電話，連続した電話・Eメール・SNS等
　　Eメールだけではなく，LINEの送信，SNS，ブログへの書き込みも含む。
⑥ 汚物などの送付
　　汚物，動物の死体などを被害者に送付して不快感，嫌悪感を与え

ることである。

⑦　名誉を傷つけること

　　被害者を誹謗中傷して名誉を傷つける行為である。

⑧　性的羞恥心の侵害

　　卑猥な画像を送ったりネットに掲示したりする行為である。

（2）「ストーカー行為」

　「ストーカー行為」とは，同一の者に対し，（1）の「つきまとい等」を繰り返して行うことをいう（法2条3項）。

　ただし，（1）の「つきまとい等」の①～④と⑤のEメールの送信等をする行為については，身体の安全，住居等の平穏もしくは名誉が害されたり，行動の自由が著しく害されたりして，不安にさせるような方法を反復して行われる場合に限定している。

　「つきまとい等」と「ストーカー行為」に対するストーカー規制法の対応及び罰則は図12-2の通りである。

　ストーカーに対する警察の実務上の対応は，警察法2条（「警察は，個人の生命，身体及び財産の保護に任じ，犯罪の予防，鎮圧及び捜査，被疑者の逮捕，交通の取締その他公共の安全と秩序の維持に当ることをもつてその責務とする」）によるものが多い。ストーカー規制法による対応より手続が比較的簡易で，被害者の希望等に応じた柔軟な初期対応ができることによる。口頭注意とは，ストーカーに電話や面接による注意をすること。被害者連絡とは，警察は加害者に接触せず被害者へのアドバイスで対応をすることである。

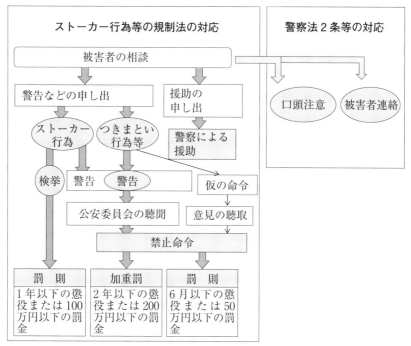

図12-2 ストーカー規制法の対応及び罰則（秋岡，2002.加筆修正）

2. ストーカー対策の現状と課題
― 100ケースの質的分析Ⅰ

（1）ストーカー対策の現状

　警察庁の調べ（2018）では，2016(平成28)年に全国の警察が認知したストーカー事案は22,737件で2013(平成25)年以降2万件を超えている。ストーカー規制法の適用は，警告が3,562件，禁止命令等が173件，ストーカー規制法の違反検挙は707件（内，ストーカー行為罪735件，禁止命令等違反34件）である。ストーカー規制法以外の対応としては，

被害者への防犯指導が22,097件，行為者への指導警告が11,598件，他法令による検挙（殺人，傷害，暴行，脅迫等）が1,919件である。

　このように推移しているストーカー事案について，ある警察署で2016（平成28）年に受理したストーカー事案（対応中や係争中を除く）から無作為に100ケースを取り上げて，筆者が質的分析（数に置き換えないで一つひとつのケースの特徴を分析する方法）を行った。

　質的分析においては，加害者と被害者が知り合った経緯，交際等の経過，加害者がストーキングを始めた契機，被害者の対応及び警察への相談と警察の対応の内容，終結までの経過を時系列的に整理したうえで，その時系列に加害者・被害者の心情とその変化等を表す言動，その他の特記事項をプロットした。

（2）分析結果

　100ケースの警察対応の内，63ケースが警察法による口頭注意と被害者連絡の対応で収束している。25ケースでストーカー規制法による警告や他法令等で検挙している。

　警察法による口頭注意と被害者連絡による対応の割合が多いのは，被害者が加害者への逆恨みを怖れてストーカー規制法による対応に消極的であったり，手続が比較的簡便な警察の初期対応で早期にストーキングが収まることを希望する場合が多いことによる。

　警察による対応事例で，執拗なストーカー行為を続けていた加害者が警察の電話による口頭注意で即座に行為を止めた事案や，加害者の中には自分の行為が普通の恋愛のアピールであると思い込んでおり，警察に指摘されて初めてストーカー行為であることを知って止めた者も多い。

　したがって，ストーカー被害者はまず警察に相談のうえ初期対応を行うことが効果的であると言える。

　どのようなストーカーの対応も難しいが，それでも警察の関与で行為を止めたり，グループカウンセリングに嫌々ながらでも参加したりするストーカーへの対応の余地は残されている。ストーカー対応で最も困難になるのは，警察の警告や禁止命令にも逆らって行為を続けたり，検挙されてもその後にストーカー行為を続けたりするなど，法的対応が強化されればされるほど，その度に被害者への怨恨を募らせ，攻撃を激化させるハイリスクなストーカーである。

3. ハイリスクなストーカーの攻撃性

（1）ストーカー対応の困難さ

　「すべての攻撃は欲求不満（目標反応が行動系列の途中で干渉を受けた状態）の結果である」（ドラード，J／宇津木保訳，1959）というように，ストーカーは恋愛等の感情を充足させたり怨恨の感情をはらしたりすることが目的であるため，規制法でストーカー行為等を禁止，阻止すると，ストーカーの欲求不満が募り攻撃行動が起きる，ということになる。すなわち，ストーカーの行為を法で禁止しても，ストーカーの歪んだ感情にアプローチしなければ，ストーカーの攻撃行動は防ぐことができない。ここに臨床によるアプローチが求められるゆえんがある。

　わが国もようやく警察段階などでストーカー加害者に対する臨床的アプローチの試みが始められている。しかしながら，たとえばストーカー加害者やDV加害者に有効であるとされる認知行動療法などを施すにしても，確信犯的なストーカー加害者はその臨床の場に登場しようとしない。では，法による強制力で治療を実施することが可能かといえば，そのこと自体が人権侵害とみなされる。法の基本は，罪に対する応報であると同時に，いかなる犯罪者も人権の擁護を使命とするからである。

　さらに，ストーカー規制法による実際問題として，同法の罰則で強化された処罰をしても100万円以下の罰金，加重罰（命令違反の繰り返し）でも2年以下の懲役または200万円以下の罰金に処せられるに過ぎない。ストーカー行為による実刑の懲役期間は短く，執行猶予で釈放される場合も多い。

　このような法的対応では，もともと更生動機のない（治療を求めない）ストーカー加害者に対する本格的治療を施すこと自体が困難である。結局は，悪質なストーカー加害者はストーカー行為や暴行や傷害を繰り返したり，果ては殺人に至るまで過激な攻撃を続けることになりかねない。

（2）ストーカーへのアプローチ

　では，そうしたストーカー加害者にどのようにアプローチすればよいのであろうか。ここで問題にしている「悪質で危険なストーカー」は「精神病理学的な類型で言えば，ボーダーライン系，サイコパス系のストーカーであろう」（福島，2002）というように，パーソナリティ障害のカテゴリーに入り得ることが指摘されている（もちろんパーソナリティ障害だからといってストーカーになるというわけではない）。

　仮に，悪質なストーカーを精神病理学でそのように分類したとしても，パーソナリティ障害の治療は極めて難しく，治療を続けてもそう簡単に治りようがないと言われている（斎藤・山登，2011）。まして心理臨床家がパーソナリティ障害の本格的治療を行うことは困難である。また，すでに述べたように，現状の司法制度ではストーカー加害者を治療対象とする準備がなされていない。

　そうだとすれば，悪質なストーカーを法による厳罰に処するだけではなく，精神医学によってパーソナリティの治療をすることでもなく，法

と臨床の協働によってハイリスクなストーカーの歪んだ感情と攻撃性にアプローチして，ストーカー行為の凶悪化を防ぐことが現実的な課題であると言えよう。

4. 甘えと怨恨

（1）甘え－攻撃型心理

長年，多くの犯罪者の精神鑑定を行ってきた福島（2002）は，すべてのストーカーに共通する心理は「甘え－攻撃型」犯罪者の心理に通じると指摘している。この「甘えと攻撃」が表裏一体となって示される未熟な心性は，特に青少年の非行臨床に携わると顕著に認められることであり，ストーカーの心性の理解とアプローチに示唆を与える。

「甘え－攻撃型」の未熟な心性とは，「乳児が不満があるときに，泣いたり喚いたりしがみついたりして関心を求めるように，相手にまとわりついてメッセージを送りさえすれば，やがて相手が気がついてくれ愛情で応えてくれるはずだ，という思い込み」（福島，2002）である。このような乳児期後半期に見られる，依存対象への甘えの不満が攻撃に結びつくという心性である。つまり，依存性と攻撃性が表裏一体となって他者との関係を求めるという，未熟で過渡的な対象関係的行動である。

（2）ストーカーの攻撃性と依存性

攻撃性と依存性のアンビバレンス（ambivalence）な関係は，土居（1971）が「甘え」の観点から解き明かしている。土居によれば，「甘え」とは，乳児が自分と母親とが別の存在であることを体験したことにより，一層相手との一体感を求めようとする感情表現であるとしたうえで，甘えられない乳児の憤怒は単なる攻撃性の現れではなく，依存欲求

の不満による反応行動であり，攻撃性と依存性が同じ関係性の裏表であるとしている。

　非行少年は，この甘えを極めて未分化な状態で，非行や犯罪という攻撃行動を通して示している。それと同様にストーカーは，依存対象である相手が自分の思い通りにならないと，小さな子どものようにいらだち，怒りや恨みの感情を抱き相手に攻撃性を向ける。

　さらに土居（1975）が「恨むのは単に敵意や憎悪の表現ではなく，その裏に甘えたい気持ちを宿している」というように，甘えと恨みもアンビバレンスな関係にある。甘えを拒否されることによって恨みの感情が生じ，甘えの対象との関係や拒否のされ方によって怨恨の程度も変わる。たとえば，「男女の愛情にかかわる甘えには，（中略）媚態の拒否は羞恥心を，ねだりの拒否は屈辱感を，期待の拒否は対象喪失の危機感を生み，いずれも未練と結びつきやすい恨みを発生させる」（山野，1989）。

　したがって，ストーカーが相手にしがみつくような執拗な行為を繰り返したり，犯罪などの攻撃行動として発現したりするという行為は，単に敵意や憎悪の表現ではなく，その裏に甘えの心性を秘めていることの現れであり，依存性が満たされておらず，他者への依存性の歪みを反映したものである，と理解することができる。そして，「甘えの背後には分離についての葛藤と不安が隠されている。したがって甘えが成功しない場合には，いつでもこの背後の葛藤と不安が噴き出す」（土居，1975）のである。

　以上のようにストーカーの怨恨と攻撃性を理解すれば，彼らの甘えと依存性にアプローチすることが対応の鍵になる。

（3）「恨み」と「怨み」

　怨恨とは，「他者から与えられた不当な仕打ちによって生じた不快感を，辛抱し続けた苦しみを基調として発現する感情」（山野，1989）である。攻撃性の観点から言えば，「攻撃的感情でありながら受動的ないし受身的であり，急性の不安感，抑うつ状態，強い復讐心をもたらし」，「仕返しあるいは報復によって完成する心理過程である」（郷古，1978）。

　さらに，怨恨は「恨み」と「怨み」で大別される。「恨み」は「相手への甘えや一体感欲求が拒否されて生じた受動的な敵意であり，甘えとアンビバレンスな関係にある感情」で，「怨み」は「相手がどうしても甘えや一体感の回復欲求に気づかないため，恨みが解消せず，その苦しさに耐え切れず害意を抱くようになったときの感情」である（山野，1989）。

　怨恨による報復の方法については，「恨み」では甘えとアンビバレンスな関係にあるので，相手を本当に倒しては元も子もないと感じて，攻撃しても決定的なダメージを与えないが，「怨み」になると情緒的混乱を統制できずに殺傷などの直接攻撃に及ぶことがある（山野，1989）。

5. ストーカーの怨恨と攻撃性
― 100ケースの質的分析Ⅱ

（1）質的分析の着目点

　ストーカー規制法が定義するストーカー行為とは，「特定の人に対する恋愛感情等又はそれが満たされなかったことに対する怨恨の感情を充足する目的」（規制法2条）で，一定の行為（規制法2条に例示）を繰り返すことである。したがって，ストーカー問題における質的分析においては，「恋愛感情等」と「怨恨の感情」に着目することが必要である。

そこで各ケースにおける，加害者と被害者のその心情と変化を捉えるために，「加害者及び被害者の恋愛感情等」，「被害者の加害者に対する嫌悪感情」，「加害者の被害者に対する怨恨の感情」，「加害者の攻撃性の程度」を時系列に分析した。

「加害者及び被害者の恋愛感情等」，「被害者の加害者に対する嫌悪感情」とは，双方が出会ってからの恋愛等の関係性，被害者が加害者に嫌悪感情を抱いた経緯，そして関係を断ち警察に相談するまでの経過である。

「加害者の被害者に対する怨恨の感情」については，上記の経過において加害者に怨恨の感情が伺えれば，その質と変化を具体的な行為に着目しながら攻撃性の程度と共に捉えた。

（2）分析結果

質的分析の結果，ストーカーの怨恨と恋愛感情について，「怨型」，「うらみ型」，「恨型」，「歪んだ恋愛感情型」，「一方的恋愛感情型」，の5カテゴリーを抽出した。

①「怨型」（5ケース）

怨型のケースのほとんどが，面接による口頭注意を複数回したり（4回の口頭注意をしているケースなど），誓約書や書面警告，検挙をしてようやく収束している。そうした警察対応中の加害者の言動として「油に火をそそぐな」とか「しつこいなおまえら」などと警察に反発したり，警察が対応している期間に被害者に暴行をしたりしている。また，その攻撃性の高まりによって，加害者は別件で検挙，収監されたりしているケースもある。

被害者が別れ話をもちだすと，「殺すぞ」と脅したり，被害者の店の

ガラスをぶち破ったり，被害者の携帯電話を叩き壊したりするなどの明らかに害意のある行動をしている。被害者はそうした加害者の逆恨みを怖れて転職や転居をするケースが多い。

②「うらみ型」(6ケース)

「うらみ型」は，前述の「怨型」と後述の「恨型」の中間的状態に位置づけられるものである。

このケースの加害者の言動には，「引っ越してもやくざを使って調べる」，離婚の際に「実家を燃やす」「お前の親を潰す」，復縁や交際を迫るために被害者宅に押しかけ「ナイフを持っている」，「出てこなかったら何をするか分からないぞ」，と過激な言葉で脅すケースなどである。

そのような加害者に対して被害者は，「(加害者は) 執念深い性格で何年経っても押しかけてる」と怯え，住民票の閲覧制限をして他県へ転居したり，「(加害者は) パニックになっている。自分の気持ちが抑えられない。何をするか分からない」，(加害者による) 後難を怖れて警告を望まなかったり，「(加害者を) 逆上させるとナイフで刺されたり家に火をつけられる」と恐怖心を抱いたりしている。

怨型との違いは，加害者は過激な言葉を使うが過激な行動はあまりせず，警察の対応にはそれなりに応じる。逮捕の可能性を示唆されるとストーカー行為を一旦止めたりするが，再びストーカー行為をしたり別の被害者にストーカー行為を向けたりすることがある。

③「恨型」(16ケース)

怨みでは相手との関係を完全に断たれたことに絶望して報復の攻撃をするのに対して，恨みでは未だ相手が振り向いてくれることに望みがあるため直接的な報復は抑えている。したがって，「怨型」や「うらみ型」

のように過激な言動はせず，抑制された攻撃性で陰湿な行為をすることが多い。

　陰湿な行為としては，被害者宅の鍵穴にいたずら，車にGPSの取りつけ，隠し撮りなどである。加害者に妄想的，偏執的など精神疾患を疑わせるケースも多く，医療との連携も必要になる場合がある。

　「恨型」の多くが，警察の口頭注意等の対応で収束することが特徴である。これは，「甘えと攻撃」が表裏一体となっている未熟な心性にある加害者に対しては，権威や権力を背後にした受容的な対応が有効だからである。したがって，ただ単に権力的に対応したり威嚇するだけの対応をしてはならない。そのような対応は，加害者が表面的な反省の態度を示すだけで「うらみ型」に転じさせてしまうことになりかねない。

　「恨型」は収束するまでにやや時間を要するが，過激な暴言・暴力などの行動化は起こすことはあまりない。ただし，被害者の精神的負担が大きいため被害者へのメンタルサポートが求められる。

④「歪んだ恋愛感情型」（23ケース）

　「歪んだ恋愛感情」には，怨恨の感情はないが，つきまとい，押しかけによる面会の要求，電話やメール等の繰り返しによる好意感情の伝え方が極めて歪んでおり執拗，粘着的である。歪みの質はさまざまだが，たとえば「私はあの人に愛されているに違いない」，「私は美人で非のうちどころがない」，「私とあの人は死ぬほど心も体も一つだ」などである。そのためストーカー行為が長期間に及ぶこともある。「恨型」と違って警察対応があまり効を奏さず，口頭注意が数回に及び解決までに長期化することが多い。

　「歪んだ恋愛感情型」23ケースの内，8ケースが女性加害者であることも特徴である。攻撃性は高くないが，長期間にわたる執拗な行為が続

くため被害者に与える精神的ダメージが大きい。また，女性加害者には被害者意識がみられることも特徴である。たとえば，「これほどあなたを愛しているのに，それを分かってもらえない私は被害者だ」などと言う。

　総じて，「歪んだ恋愛感情型」への対応は解決が困難で長期間を要するので，このストーカーに対する臨床的対応と同時に被害者のケアが必要になる。

⑤「一方的恋愛感情型」（18ケース）

　被害者が拒否，嫌悪しても，加害者は恋愛，好意感情等を一方的に伝え続けたり交際を要求するケースである。このケースのほとんどは，加害者は自分の行為がストーカーに当たることを理解していないため，ストーカーの意味と規制法について分かりやすく説明することで終結することが多い。

　以上，「怨型」と「うらみ型」など怨恨の感情が加害者に明らかにみられるときはその動向に注意し，特に怨み化しているときは要注意である。「怨型」は法的対応を強化すればするほど，加害者は攻撃性を高め行動化するため，重大事件につながる可能性も高い要注意ケースである。「怨型」と「うらみ型」は，後述のように，法的対応と同時に臨床的対応，すなわち司法臨床による対応が必要になる。

　5つのカテゴリーを攻撃性の程度（横軸）と加害者と被害者の関係性の程度（縦軸）によってプロットすると図12-3のようになる。ただし，攻撃性や関係性は個々のケースによって異なるため，図の類型プロットはそれに応じて変動する。

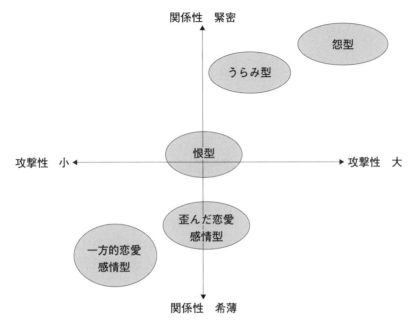

図12-3　5カテゴリーのプロット

6. ストーカーに対する司法臨床

（1）司法臨床によるアプローチ

　ここまで述べてきたことからすれば，ストーカーの歪んだ攻撃性の発動を法的に抑え込むだけではなく，それに付随する未熟な依存性を早期に臨床的アプローチによって受け止めることが，ストーカー行為の凶悪化——「怨型」と「うらみ型」への転化を防ぐ手立てになると思われる。

　以下，司法臨床によるストーカーへのアプローチとその際の留意点を踏まえながら，ストーカーの改善の道すじを述べる。

　第1段階：ストーカーへの通常の法的関与は，警察による口頭注意や警告から始まり，それでも行為が続けば禁止命令，それに違反すれば検挙，罰金，さらに繰り返せば加重罰（懲役など）へと，罰や社会的非難が強化されていく。こうした法的関与は法的手続の順当であると同時に，ストーカーの行動を阻止するためのクサビとして必要である。臨床的関与だけではストーカーの行動化を止めることは困難だからである。

　ただし留意すべきは，すでに述べたように，こうした法的関与だけで強制的にストーカー行為を抑え込もうとすればするほど，ストーカーは攻撃性をさらに歪ませ悪化させて直接攻撃に及ぶことになりかねないということである。また，ストーカーの攻撃性を力で抑え込むということは，未熟な依存性を脅威にさらすことになり，ストーカーの不安と怯えが高まる。ストーカーはその不安と怯えを受け止めてもらえない場合，自己防衛として攻撃性を行動化する。

　第2段階：このようなストーカーの心性からすれば，ストーカーに法的アプローチをすると同時に臨床的アプローチを施すことが必要になる。それは，法的にストーカー行為を禁止，阻止するときのストーカーの攻撃性の高まりを抑制するためと，ストーカーの不安と怯えにアプローチするためである。ここが司法臨床としての介入の要点である。

　ストーカーとのラポーの形成は殊の外困難であるが，このプロセスはストーカーが「怨恨」（歪んだ攻撃性）に秘めた「甘え」（未熟な依存性）を援助者に表現するための契機として特に重要である。援助者（ストーカーに関わる心理臨床家）とストーカーの関係（ラポー）を築く端緒になるのである。

　第3段階：すると，ストーカーは未熟な依存性の表現として，被害者の代わりに援助者に文句を言ったりすねたりするような態度をとるようになる。さらにそれを受容していくと，あからさまな甘えを吐露しなが

ら，ストーカーは微妙に変化し始める。

　そのときのストーカーの兆候としては，「変化しようとする自分」と「変化などしないという自分」のせめぎ合いを起こして，激しいいらだちを示す。このアンビバレンスは，ストーカーに限らず治療の動機づけのない加害者の臨床でしばしば見られることである。ここでの対応を急いだり説得を強めたりすると，ストーカーは元の状態に戻ってしまい，援助者に同情を求めたり，自分と相手のどちらが正しいのかなど白黒をつけるような議論に終始してしまいかねない。

　以上のような司法臨床によるアプローチには，ストーカーの状態に応じた適切な心理的距離をとりながら関与するという心理臨床の専門性を必要とするが，ストーカーとの心理的距離の取り方はとりわけ難しい。安易にストーカーの依存性に関わると，援助者がストーカーの対象になりかねず危険である。そのためにも，司法の枠に守られた臨床的アプローチが必要になる。

　ストーカーへの司法臨床は，心理臨床の経験を積んだ臨床心理士・公認心理師やさまざまな加害者（加害少年）の臨床に携わった専門家などの関与が求められる。その意味で，現行の制度でのストーカーへの司法臨床は，警察に所属する臨床心理士・公認心理師による対応，保護観察官による直接処遇，少年事件でのストーカーに対しては家裁調査官による試験観察などによることが想定される。

　（本章は，廣井亮一（2014）「ストーカー加害者への司法臨床」，『犯罪と非行』No.178　2014　を加筆，修正したものである。）

引用・参考文献

秋岡史（2002）ストーカー犯罪．青木書店．

土居健郎（1971）甘えの構造．弘文堂．

土居健郎（1975）甘え雑考．弘文堂．

Dollard, J.（1939）FRUSTRATION AND AGGRESSION YALE UNIVERSITY PRESS.（宇津木保（訳）（1959）欲求不満と暴力．誠信書房．）

DSM-Ⅱ（1968）Diagnostic and Statistical Manual of Mental Disorders Second Edition．American Psychiatric Association．

郷古英男（1978）「うらみ」の心理．大日本図書．

福島章（2002）ストーカーの心理学（新版）．PHP新書．

警察庁（2018）平成29年におけるストーカー事案及び配偶者からの暴力事案等への対応状況について．警察白書．

斎藤環・山登敬之（2011）世界一やさしい精神科の本．河出書房新社．

山野保（1989）「うらみ」の心理―その洞察と解消のために．創元社．

13 ｜精神鑑定をめぐって

《目標＆ポイント》
・精神鑑定には，責任能力鑑定，情状心理鑑定などがあることを学んだうえ
　で，その違いを理解する。
・刑事裁判における情状心理鑑定の実際とその限界を知る。
・刑事裁判において，法律家（裁判官，検察官，弁護人），当事者（被害者，
　加害者，それぞれの家族）に対する説明責任について考える。
《キーワード》　責任能力鑑定，情状心理鑑定，犯罪動機，治療的司法，説明
責任

1. 責任能力鑑定と情状心理鑑定

　刑事精神鑑定には，責任能力鑑定，訴訟能力鑑定，情状心理鑑定など
がある。従来，精神鑑定といえば責任能力の鑑定といっても過言ではな
かったが，2009（平成21）年に始まった裁判員裁判^{注）}で一般市民が裁判
に参加して以来，情状心理鑑定の必要性が高まっている（辻，2012）。
その理由は以下で述べるように，責任能力鑑定と情状心理鑑定それぞれ
の犯罪及び犯罪者に対する理解の仕方の相違によるものである。

（1）責任能力鑑定

　責任能力鑑定とは，刑法39条に基づくもので，被疑者／被告人（以

注）裁判員裁判とは，一般市民が裁判員になって裁判官と共に，被告人が有罪か否か，有
　罪であればさらにどの程度の刑罰を科すかを決める制度である。今まで法律家だけで行
　われていた裁判に，一般市民の社会常識を取り入れたものである。裁判員裁判が行われ
　るのは刑事裁判のみで，殺人，強盗致死傷，現住建造物等放火など，死刑や無期懲役に
　相当する罪の裁判において行われる。

下，被告人）の精神障害などの生物学的要素の有無，さらにその症状として被告人の弁識能力（事物の理非善悪を弁識する能力）と制御能力（その弁識に従って行動する能力）の状態など心理学的要素を鑑定するものである（高岡，2010）。その結果を裁判官等が参照して，責任能力がないと判断すれば心神喪失とされ，その者に刑罰を科すことはできない。責任能力が大幅に損なわれていたなら心神耗弱とされ，その者の刑は減軽される。

（2）情状心理鑑定

　一方，情状心理鑑定とは，刑法25条（執行猶予），同法66条（酌量減軽）に関するものである。情状心理鑑定とは，「訴因事実以外の情状を対象とし，裁判所が刑の量定，すなわち被告人に対する処遇方法を決定するために必要な智識の提供を目的とする鑑定である」（兼頭，1977/高岡，前掲書）。すなわち情状心理鑑定の目的は，被告人が事件を起こすまでの生育歴，家族歴，友人関係，などの諸環境を視野に入れて，生活体としての生身の人間である被告人を理解し，なぜ事件を起こしたのか，そしてどのように処遇すれば更生できるのかを見極めることによって，刑の量定（減軽）につなげるためのものである。

　情状心理鑑定は，責任能力に問題がないと判断された場合でも，その量刑（刑罰の種類や程度）を決めるために行われることがある。弁護人が裁判所に情状心理鑑定を請求し，裁判所が量刑や処遇の判断のために必要だと判断すれば，公的鑑定（裁判所命令による鑑定）が行われる。請求が棄却された場合でも，私的鑑定（弁護人が独自に依頼する鑑定）で行われることもある。

（3）責任能力鑑定と情状心理鑑定の違い

　責任能力鑑定が生物学的要素，心理学的要素といった被告人個人の内的側面に焦点を当てるのに対して，情状心理鑑定は被告人を取り巻く人間関係などの諸環境に視点を拡げて，その関係性の中で被告人を理解する。つまり，責任能力鑑定は精神内界論（intra-psychic）に依拠し，問題を被告人に内在化させるのに対して，情状心理鑑定は対人関係論（inter-personal）に依拠し，問題を被告人を取り巻く関係性の歪みの現れであると捉えることが特徴である。

　たとえば，個人に焦点を当てた犯罪理解によれば，犯罪という問題を被告人に内在させ「問題＝被告人」と定義することによって，犯罪の原因は被告人にあると見做される。その結果，犯罪の責任が被告人個人に帰せられ，刑罰の論議に集約される。このような，原因が結果を一義的に規定する（原因→結果）という認識論は直線的因果論と称して，法的に犯罪事実の認定や被告人の有責性を明らかにするための司法判断の根幹をなすものである。

　それに対して，被告人を取り巻く関係性に視点を移すことによって，被告人が起こした犯罪行為という問題は，被告人の生育歴にさかのぼった原初的な親子関係，及びそこから派生した時間的経過に伴う人間関係とその時々の生活空間・環境の歪みに移行する。その結果，被告人個人のみが責任を負い，罰せられるべきであると見做された問題から，被告人の更生と再犯防止のために，被告人を取り巻く関係や環境を修復するというアプローチに方向性が転換するのである。

2．刑事裁判における情状心理鑑定

　いくつかの事例を再構成した架空の事例をもとに，犯罪動機が不可解

な事件について，刑事裁判における検察側の主張と情状心理鑑定をもと
にした弁護側の主張，そして裁判所の判断を模擬的に提示する。

【事件の概要】

　男性会社員（20歳代）が職場の直属の男性上司（40歳代）を机の引
き出しに入れていたサバイバルナイフで数十回めった刺しにして殺害し
た事件である。

　被告人である男性は，事件直後は興奮して事件のことはよく覚えてい
ないと首をふっていたが，警察の度重なる取り調べで，「恋人にふられ
てむしゃくしゃしていた」「殺す相手は誰でもよかった」「たまたま職場
に上司がいたからだ」「いつも熱心に指導をしてくれた上司に何の恨み
もない」と犯行動機を供述した。

　警察の捜査で，たしかに被告人は事件前に恋人にふられたこと，上司
に恨みを抱く事情は見当たらないこと，などが家族や職場同僚の証言で
裏づけられた。しかし，被告人には失恋の経験が今までもあり，それだ
けの理由で何の恨みもない上司の殺害につながることは不自然であると
しながらも，検察官は事件を起訴した。

　たとえば，「殺す相手は誰でもよかった。通りすがりの人を殺した」
という通り魔殺人などでは，被告人自身が犯行の真の動機を分かってい
ないことが多い。警察に厳しく犯行動機を追及されれば，「自暴自棄に
なったからだ」「人を殺してみたかった」と供述せざるを得ない。ある
いは「周囲に誰もいないときにたまたま被害者がいたからだ」と動機を
供述することになる。

　被告人の弁護人は，そうした殺害動機について，むしゃくしゃした気
持ちだけで殺人につながるのか，殺す相手は誰でもいいのであれば深夜
女性や高齢者を狙えばいい，恨みもない上司を数十回めった刺しにした

犯行動機が非常に不可解であるとして，臨床心理士に情状心理鑑定を依頼した。

【犯罪動機の解明―情状心理鑑定】

臨床心理士は情状心理鑑定のために面接をしたが，被告人の供述は警察とほぼ同じであった。

ただし，心理テストの結果で広汎性発達障害の傾向が見られた。そこで，臨床心理士は被告人の両親との面接を実施した。その結果明らかになったことは，次の通りである。

▶被告人のタテ軸とヨコ軸

両親は，乳幼児期の被告人を「自分に懐かない可愛げのない子どもだ」と言って，乳児の被告人を無視したり，抱くこともしなかった。父親は失敗やいたずらをした被告人に躾と称して，全身をガムテープで巻きつけて転がしたり食事を与えなかったりなどの身体的虐待を繰り返した。母親はそうした父親の虐待を止めようとせず，泣いている被告人を抱くこともせず，ただ見ているだけであった。さらに，他のきょうだいに比べて勉強ができなかった被告人を極端に差別をするというネグレクトを続けた。

そして，広汎性発達障害の傾向がその後の被告人の対人関係に影響を与えた。小中高校時代に友人ができず，就職後もことごとく対人関係に失敗し，何人かの女性には見捨てられるように関係を切られ，激しい孤独感と絶望に陥っていた。そうした時期に，ようやく就職した職場の男性上司が被告人の対人関係のつたなさを"父親のように"厳しく叱咤し指導していたことが，職場同僚の証言で明らかになった。

すなわち，被告人は乳児期からの両親による虐待で最早期の親子関係が欠損し，さらに長期にわたる虐待（父親による身体的虐待と母親によ

るネグレクト）で，両親との愛着が形成されず愛着障害を起こしていたのである。

　愛着障害の子どもは，衝動的・反抗的・破壊的な行動がみられ，情愛・自尊心などが欠如することがある。他人とうまく関わることができず，特定の人との親密な関係が結べなくなることもある。そうした最早期の親子関係の欠損と愛着障害，広汎性発達障害的傾向が相乗して，その後の被告人の対人関係の問題につながっていたのである。このことが，被告人が生きてきた時間（20数年間の生活歴）のタテ軸である。

　そして，本件直前に女性に見捨てられるように関係を断たれたことが，自分をネグレクトした母親を想起させ，さらに，男性上司による父のような関わりが虐待を続けた父親の姿を浮かび上がらせた。これが本件当時に被告人を取り巻いていた関係性の空間（人間関係や職場環境などの諸環境）のヨコ軸である。

▶タテ軸とヨコ軸の交差としての殺人

　被告人のこのようなタテ軸とヨコ軸を交差させることによって，本件の真の動機は次のように了解できるのである。

　すなわち，被告人が述べた「殺す相手は誰でもよかった」という無差別的な動機は，被告人の「殺す相手を特定できない」という，最早期の親子関係に起因する，他者との関係（肯定的関係と否定的関係も）を形成して維持できない状態を示している。それを発達障害的傾向が増幅した。そして，本件直前の女性による見捨てられ体験と男性上司による指導が，自分を見捨てた母親と激しい虐待を続けた父親の姿を浮かび上がらせた。

　このようにして，「殺す相手は誰でもよかった」という被告人が，叱咤して指導した男性上司に激しい怒りを示して，めった刺しにするという殺害動機と態様が了解できるのである。

【検察官の主張】

　犯行事実：無差別殺人的な犯行であり，誰でも被害者になり得た，特に危険で悪質な犯行である。

　犯行動機：失恋したことで自暴自棄となり，自らの人生を破滅させるために，誰でもいいから人を殺そうと考え，たまたま二人きりになった被害者を殺害した。

　犯行の悪質性：・強い殺意がある極めて悪質な殺害である，・被害者が殺される理由がない，・遺族の被告人に対する処罰感情が強い，・犯行動機が身勝手である。

　更生の可能性：・被告人に反省の態度が見られない，・「誰でもいいから人を殺そう」と考えた理由を語らない，・後悔を語らない，・被害者側に謝罪をしない，・「今後，人を殺さない」と約束しない。よって，被告人に反省の態度が見られず，再び同じ犯罪を起こす危険性がある。被告人に更生の可能性は乏しい。

　求刑：無期懲役

【弁護人の主張】

　弁護人は，弁論の冒頭に裁判官らに向けて被害者の妻の心情を示した。被害者の妻は，「犯人は，夫を殺した理由について，誰でもよかったと言っていると聞きました。でも，そんな話では，なぜ夫だったのか，どうして夫がこんなことになったのか，全く分かりません。何も説明していることになりません」と被害者遺族の気持ちを率直に述べた。さらに，「むしゃくしゃして，誰でもいいから殺した。そんな理由だけで，私たちは納得できるでしょうか」と訴えた。

　犯行事実：犯行事実に争いなし。ただし，被告人に対する量刑を争点とする。

犯行動機：犯行動機に矛盾があり，不可解である。「誰でもいいから殺そう」という無差別的な動機であれば，夜人気のない場所で弱い人を狙えば簡単に殺害は実行できる。ではなぜ，「恨みのない」上司をめった刺しにして殺害したのか不可解である。

情状意見：情状心理鑑定をもとに次のように主張した。

なぜ誰でもいいから殺そうとしたのか；・幼少期からの両親からの虐待行為による愛着障害，・広汎性発達障害による対人関係の希薄と歪みの現れ。

なぜ男性上司を殺したのか；虐待を繰り返した父親への恨みの投影。

量刑について：本件には，両親による不適切（虐待）な養育歴と被告人の広汎性発達障害的傾向，という被告人には如何ともしがたい原因がある。また，被害者の落ち度ではないが，男性上司の指導の仕方が殺害実行に駆り立てる引き金にもなっており，被告人の犯行動機に酌量の余地（減軽）を与えるものである。

更生の可能性：たしかに，現時点では被告人は本件に対する反省と被害者への贖罪の意思を示していない。被告人は本件の真の動機を知ることを怖れているように思われる。自我が未熟な被告人は，そうすることで自己の崩壊をかろうじて防いでいるとも理解できる。そのため，今は本件の真の動機を理解して，被害者への贖罪を表明することは困難な状態である。

そのような被告人は，今後，刑務所で受刑者処遇を受けることで，徐々に本件の意味を理解して，被害者と遺族に対する贖罪の意思を示すものと思われる。まさに，それは被告人の更生につながることである。

【裁判官の判断】

本件は誰が被害者になってもおかしくない無差別的な殺人事件であっ

て，理不尽極まりない犯行である。被告人は，犯行に際して，背後から首を切りつけた上，十数回にわたってめった刺しにしており，態様は際だって卑劣で残虐である。遺族らは極刑を求める峻烈な被害感情を吐露している。被告人は，遺族らに対する謝罪，反省や後悔の言葉を口にしていない。

　情状心理鑑定で示されている犯行の動機としての，被告人の生育歴と愛着障害，父親による虐待体験から派生する怒りを被害者に投影して行動化したこと，及び広汎性発達障害的傾向，が本件犯行の実行に影響を与えた可能性は否定できない。

　しかし，被告人はサバイバルナイフを職場に持ち込んで，他の同僚が帰宅して被告人と被害者の二人しかいない状況になったことで殺害を決意した。したがって，被告人の愛着障害と広汎性発達障害的傾向は本件において量刑上考慮しなければならない程度の理由にはならない。

　判決：無期懲役

3．事例の考察－刑事裁判における臨床的説明の困難性

　結局，本件判決では情状心理鑑定で解明した，被告人の不可解な犯罪動機と態様の解明はほとんど量刑に反映されず，被害者の妻が「何も説明していない」と批判したような，検察官の意見をそのまま判示しただけである。被告人の更生の可能性についても，矛盾した犯行動機について被告人が説明できないことを「反省の態度が見られず更生の可能性が乏しい」とするだけで，被告人が語ろうとしない，語ることができない理由を何ら明らかにしようとしていない。判決は，犯行の悪質性と遺族らの処罰感情を強調しただけであるといっても過言ではない。

　本件裁判は，裁判官，検察官らが法の言葉による法的議論に終始した

だけではないだろうか。心理臨床的観点から，タテ軸としての生育歴と
ヨコ軸としての人間関係などが交差する地点で浮かび上がる"総体とし
ての生身の人間"として被告人を捉えていない。

　刑事裁判では，検察官が論告するような表面的，常識的な犯罪動機が
判決に反映されることが多い。それについて弁護士の辻（2012）は，
「行為と結果に関する事実を解明すれば，犯罪行為に対する責任非難と
しての刑罰を決めることは可能であり，真の動機は必ずしも必要とされ
ない」「たとえ表面的な動機であっても，一応の論理的関係があって，
説明のつく動機が存在しているのであれば，刑事裁判としてはそれで十
分に判決を下すことができるようになる。動機の追及，解明は，裁判で
は必ずしも必要でなくなる」からだと指摘している。

　結局，この裁判は無差別的な殺人という事件を起こした凶悪で不気味
なモンスター像を被告人に被せただけである。

　犯罪者や非行少年に対する世間の認識も同様である。凶悪な犯罪や非
行，悲惨な児童虐待，酷いいじめなどが起きるたびに，そのような加害
者/児には厳しい罰を下して社会から排除してしまえ，と声高になる。

　現代の社会風潮は，メディアによる限られた情報に不安感，恐怖心を
煽られて，加害者/児をあたかもモンスターのように見て，ネットで少
年の実名や顔写真をばらまいたり「暴露本」などを出したりして，ヒス
テリックになった自分と社会の熱を冷ますことを繰り返している。この
ようなことは，被害者の憎悪と悲しみを増大させているだけではないだ
ろうか。

4．刑事裁判における説明責任

　では，臨床心理士や公認心理師などが臨床的観点から獲得した知見を

司法の場の各受け手にどのように説明すればよいのか。

① 裁判官・検察官・弁護人などの法律家に向けて

　法的認識の枠組みの基本は，法律を基準にして犯罪に関する観察可能な事実に限定して，法的観点から因果論で理解する。そのため犯罪者の理解や犯罪動機も犯行場面に限定された部分的な理解になる。

　それに対して，心理臨床的認識の枠組みは，あくまでも一人ひとりの"総体としての生身の人間"を基準にして，さまざま事実を多面的に捉えてあいまいな領域を切り捨てない。

　このような両者の理解によれば，より広範に深く捉えた心理臨床的知見のどの部分を切り取って提示したのかを法律家に向けて説明することが重要になる（第10章図10-3を参照）。

② 裁判員など一般市民に向けて

　心理臨床に関する専門用語はその専門家集団では言葉の意味とそれに含蓄する内容を共有できるが，一般市民には，心理臨床の専門用語を使わずに日常的な言葉で分かりやすく説明しなければならない。その際に，メタファー（metaphor）を用いて伝えることが効果的である。メタファーとは，ある事柄を説明する際にその事柄と何らかの関係のあるもう1つの事柄に喩えて，表現することである。

　なお，裁判員裁判で，一般市民である裁判員は「人」としての被告人に非常に関心を示す。それだけに裁判員裁判では法律家に向けた説明だけでなく，心理臨床で捉えた被告人についての人間理解を平易に提示することが重要である。

③ 被害者と加害者，その家族に向けて

　刑事裁判における心理臨床的な説明として最も重要な受け手がこの当事者である。

　被害者側の切実な訴えには，加害者を法で厳罰に処して刑務所に送っ

たり死刑にしたりする前に，「なぜ，おまえはかけがえのない家族を殺したのか」「最愛の家族がなぜおまえに殺されたのか」ということを明らかにすることを要求している。それゆえ，情状心理鑑定による加害者の真の動機の説明が重要になる。

　加害者とその家族には，親子関係の歪みが事件につながっていれば，それを理解させてその修復を促す。そしてそのことが取りも直さず，被害者に親愛なる家族がいることを加害者に気づかせ，被害者とその家族への贖罪の意識を喚起させるのである（贖罪については14章参照）。

引用・参考文献

廣井亮一（2013）司法臨床−情状心理鑑定をめぐって．藤田政博編，法と心理学．法律文化社．

廣井亮一（2018）司法犯罪分野の説明実践．公認心理師のための説明実践の心理学．ナカニシヤ出版．

兼頭吉市（1977）刑の量定と鑑定−情状鑑定の法理．上野正吉編，刑事鑑定の理論と実務．成文堂．

高岡健（2010）精神鑑定とは何か−責任能力論を超えて．明石書店．

辻孝司（2012）弁護士から見た加害者−刑事裁判における加害者像の位置づけとその変化．廣井亮一編，加害者臨床．日本評論社．

Ⅲ部

14 | 犯罪被害者と贖罪

《目標＆ポイント》
・犯罪被害者に対する加害者の贖罪とは何かについて考える。
・加害者が贖罪を成し遂げるためのプロセスを学ぶ。
・刑事裁判における「加害者」と「被害者」を理解する。
《キーワード》 贖罪，犯罪被害者，ライフストーリー・インタビュー

はじめに

　2000（平成12）年5月3日に17歳の少年による高速バスジャック事件が起きた。少年は乗っ取ったバスで乗車客3名を切りつけ，内1名の女性（塚本さん）を殺害した。その事件で母親を少年に殺害された塚本猪一郎さんは次のように語った（NHKスペシャル「バスジャック遭遇，被害者と家族の365日」2001年5月6日放映）。

　「少年が死刑にされても，私の心はけっして癒されることはない。私が立ち直れるのは，少年が，本当に悪かった一生罪を償います，門前払いされてもすみませんでしたと言って，私があんたの気持ちは分かった，もういいと言えたときに，被害者としてようやく事件は終ることができるし，少年も立ち直ることができる。被害者が立ち直れるのは，少年が本当の意味で更生してくれることだ」と。

　現行の刑事罰についてはさまざまな意見があり，今後も罪と罰の論議は続けなければならない。その一つとして塚本猪一郎さんの言葉は，刑

事罰のレベルを超えて加害者に峻烈な「贖罪」を訴えているのである。本章では，司法臨床の観点から司法における被害者と加害者の「贖罪」について考えてみたい。

1. 贖罪とは

　贖罪とは，罪の償いを無限に続けることである。たとえば，大きな岩を山頂に運ぶという罰を受けたシーシュポスが，神々の言う通りに岩を山頂に運んでもその瞬間に岩は転がり落ちてしまうという「シーシュポスの神話」。石を積んで塔を作っても鬼がそれを壊し続けるという「賽の河原」。このような罪の償いである。まさに贖罪とは神々による罰のようなものである。

　冒頭の塚本さんが言う「少年が死刑にされても，私の心はけっして癒されることはない」とは，少年に罪の償いを無限に続けてほしいと訴えていることに通じる。それでは，現実の司法で成し得る「贖罪」とは何か。塚本さんの言葉は，それについて重要な点を示唆している。その3点を次の①，②，③で指摘する。

　「①少年が，本当に悪かった一生罪を償います，門前払いされてもすみませんでしたと言って，私があんたの気持ちは分かった，もういいと言えたときに，被害者としてようやく事件は終ることができるし，②少年も立ち直ることができる。③被害者が立ち直れるのは，少年が本当の意味で更生してくれることだ」

　以下，この3点にしたがって「贖罪」について検討する。

2. 贖罪の出発点─①「少年が門前払いされてもすみませんでしたと言うこと」

（1）「罪の真の理由」

　殺人という最悪の罪を犯した加害者は「罪の真の理由」に気づいていない。罪の真の理由とは，加害者が生きてきた帰着としての犯罪の意味である。ところが，刑事裁判では表面的な犯行動機をなぞるだけで，検察官は厳罰を求刑し，弁護人は減軽をはかるために加害者に「反省」の態度をとらせる。そこに加害者が「本当に悪かった。一生罪を償います」という真に罪を償う気持ちなど起きないであろう。

　そのため被害者は，裁判における加害者の犯罪動機に納得せず，「なぜ，おまえはかけがえのない家族を殺したのか」と問い続ける。加害者に厳罰が下されても「なぜ罪を償わないのか」と慟哭することになる。結局，被害者にとっては「事件」は終わらない。したがって，被害者にとっての「事件」が終局するためには，加害者が罪の真の理由に気づかなければならないのである。

　青島（2012）は，加害者の贖罪の出発点とは，自分の行為に向き合い，行った行為の意味を知るための模索から始まると述べている。加害者の行為（犯罪）の意味を知るための模索とは，加害者が犯罪に至るまでの生きてきた道筋，来し方をたどることが必要になる。

（2）ライフストーリー・インタビュー

　その方法の1つがライフストーリー・インタビューである。ライフストーリー・インタビューとはその人の「物語」を聴くことである。人の「物語（ライフストーリー）」とは，単に人の生涯の事実を時間軸にそって羅列するのではなく，その人の「生きられた経験」がどのように人生

に編み込まれて意味づけられてきたのかについて，語り手と聴き手の相互関係の中で紡ぎだしていくものである。

　ライフストーリー・インタビューのためには，次の3つの要因が必要であるとされる（野口，2009）。

・心理的な深さ：感情や気持ちの揺れ動きなど複雑な心理状態の一端を把握すること。

・時間的な経緯：個々の人たちがどのような経験を経て，現在の考えを抱くに至っているかを知ること。

・関係性：その人を取り巻く家族関係，友人関係などで，どのような関わり合いをしてきたのかということ。

　この3つの要因は，刑事裁判で切り捨てられかねない部分である。凶悪事件を起こしたモンスターとしての加害者でなく，犯罪に至るまでの生きてきた「人間」としての加害者の理解が必要になるのである。

　そして，加害者の贖罪のためには，被害者のライフストーリーも重要な意味をもつ。被害者と加害者が対立や憎しみの状況に置かれているとき，その解決はいかにして可能なのか。小田（2009）は，「（被害者の）一人ひとりが肉親を亡くしたときのことを語ってゆく。その個人的な経験の語りを聴くことで，互いのステレオタイプな他者像がゆらぎ，互いを"人間として"みるプロセスが動きはじめる」と述べている。

　つまり，刑事裁判の俎上の「加害者（被告人）」と「被害者」ではなく，生身の人と人との体感が交錯しなければならない。それを通して，「互いの物語（ライフストーリー）を聴いた後では，それが具体的な名前と顔を持ち，自分たちと変わらぬ感情のある〈他者〉へ」（野口，2009）と変わる。加害者の贖罪の出発点では，このようにして刑事裁判の司法過程において，加害者と被害者の"総体としての生身の人間"を蘇らせることが重要になる。

3. 贖罪の中間点─②「少年も立ち直ることができる」

（1）徹底傾聴

　加害者を罪を償うための更生に導くためには，加害者の語りを「徹底傾聴」することが必要になる。ところが犯罪者や非行少年の語りが傾聴されることはほとんどない。

　2章で述べたように，加害者が罪を犯し，法によって「犯罪者」や「非行少年」となるや否や，彼らへの関与の前提は罪に対する応報（罰）が基調になる。少年といえども例外ではなく，罪を犯せば犯罪少年として扱われる。昨今のメディアや一般市民の目線も，犯罪者，非行少年に対する厳罰や非難に終始して，加害者の思いや語りなど傾聴されることはない。

　加害者を取り巻くそうした状況で，筆者は非行少年の立ち直りを援助する役割を担う家裁調査官として，その後，臨床心理士として犯罪者の更生の手立てを見極めるために，加害者の語りに耳を傾けてきた。すると，彼らは一様に堰を切るように自らの思いや抑えていた感情を吐き出すのである。警察，検察で供述できなかったこと，供述しなかったことが語られるのである。その内容は，司法の俎上に載せるために切り捨てられた，加害者の生身の感情と共に吐露される。

　加害者はしっかりと自分に向き合い，自らの話を受け止めてもらったことがほとんどなく，一切を否定されてきたといっても過言ではない。もっとも彼らなりのものの見方の偏りがあり，屁理屈や不合理な言い訳なども語られる。しかしそれを否定したり修正したり，もちろん肯定したりするのではなく，最後まで「徹底傾聴」するのである。

　犯罪や非行は悪い行為であるため，私たちは彼らの行為をすぐに否定したり，考え方の間違いを正そうとしたりする。そうした関わりは加害

者の口や殻を閉ざしてしまう。結局，彼らは吐き出すことができなかった感情や思いをさらに屈折させて，攻撃行動に転化してしまう。他者との関係を断ち切ってしまうことにもなりかねない。

（2）心理臨床の基本

　あらためて解説するまでもなく，「傾聴」とはカウンセリングなど心理臨床の基本であり，すべての治療法にも通じる共感的なコミュニケーションの方法である。「共感」とは，クライエントの感情や思いを批判や非難したりせず，ましてや，同感，同意，同情することでもなく，評価せずに「受容」することである。いわば丸ごとのクライエントをそのまま受け止めることである。

　徹底傾聴による受容的関わりに徹すると，今まで他者との関係を拒絶して自らの偏った思いに固執していた加害者が少しずつ変化していく。ある非行少年は，犯罪の原因は自分にあるのではなく被害者のせいであると言い続けていた。その言い訳や不合理な語りを徹底傾聴し続けたことで，少年の言い訳が徐々によどみ，最後の最後に自分に非があったことに気づき，自らの責任を徐々に語りはじめた。このように，「逆説的であるが，人をありのままに受容する態度は，その人を自由にして，変わる方向へと導く」（William, R.M., Stephen, R. 2002/松島，後藤訳2007）のである。

　ここで傾聴をあえて「徹底傾聴」と表現したのは，犯罪や非行という善悪など法に関わる問題行為は，法的基準によって裁かれる行為であり，ともすれば彼らの語りが十分に受け止められないからである。そうした法の枠組みにおける臨床的介入として，加害者の語りにあえて徹底的に傾聴することが「司法臨床」の要点でもある。

　私たちは，法による罰を強化することが，犯罪や非行の抑制と犯罪者

や非行少年の矯正につながると思い込んでいるところがある。しかし，加害者臨床の実践経験からすれば，犯罪・非行性の根深い者には，罰を背後にした圧力は逆効果になりかねないということに留意すべきである。「心理学的抵抗理論によれば，人は個人的な自由を侵害されたと感じると，「問題」行動に心惹かれ，その行動を行う頻度が上がる」（William, R.M., Stephen, R. 2002／松島，後藤訳2007）のである。法的圧力・罰・社会的圧力（非難）などによって，強制的に問題行動を抑え込もうとすればするほど，その問題行動を増幅させてしまいかねないという逆説を招くのである。

4．贖罪の到達点—③「被害者が立ち直れるのは，少年が本当の意味で更生することだ」

（1）加害者の贖罪の芽

　以上のような贖罪のプロセスと到達点を青島（2012）は次のようにまとめている。「自らの成育歴を振り返り，自分の思考パターンや行動パターンがどのようにして形成されていったのかを知ることも重要である。事件に至った背景とその行為が引き起こした結果を知り，行為の意味を理解し，その行為が引き起こした結果を自らの人生のなかで引き受ける覚悟を作っていくこと，さらに，再犯しない新しい生き方を模索していくこと」。そして，「他人を信じてもいいと感じることで，ようやく事件を反省していく」。

　「おまえが悪い，おまえのせいだ，反省しろ」と追及するのではなく，加害者が生まれた時点まで寄り添いながら遡ると，加害者の贖罪の芽が徐々育っていくのである。

　人と人とが事件によって交錯することによって加害者と被害者にな

り，刑事裁判の場で双方が対立する関係になる。加害者と被害者を対立の布置に置く限り，彼らはいつまでも憎しみ合う「加害者」と「被害者」のままである。

（2）「加害者」「被害者」の終結

「加害」があるから「被害」が生まれる。「加害と被害」は紙の裏表の関係である。それゆえ援助者は，被害者と加害者の双方共に事件によって苦悩する「一体の人間」として抱えることが求められる。すなわち，被害者のケアと加害者の更生を同時に援助する。そのようにして，加害者が真に更生したとき，つまり事件当時の「加害者」でなくなったときに，被害者は「被害者」でなくなり，被害者は本当に立ち直ることができるのである。そして，そのときに初めて加害者の「贖罪」がようやく成就し，被害者の加害者に対する贖罪の訴えも取り下げられるのである。

司法へのナラティヴ・アプローチの観点から，和田（2009）は次のように指摘している。「司法過程それ自体を，それぞれの当事者の物語が提示され，ある程度の調整がなされる機会を提供するような場として捉え直す方向である。誠意や謝罪は判決としては難しくても，当事者が向き合う機会の中で一定程度果たされることが可能である」。そして，「対立する物語が，相互にふれあい自主的な調整がいささかでも図れるのを促進する，そのような場として位置づけることである」。そうすることによって，「これら情緒的な欲求を背景とする被害の物語が，当然司法によって救済されるべきであり，それこそが法と正義の実現である」と。

5. 刑事裁判における「加害者」と「被害者」

（1） 光市母子殺害事件[注1]

　山口県光市で起きた元少年の母子殺害事件の差し戻し控訴審における，被害者遺族と加害少年の次のようなやり取りに刑事裁判の特徴がよく現れている。

　ご遺族の夫は，「君が心の底から真実を話しているように思えない」「君の言葉は全く心に入ってこない」と意見陳述した。それに対する被告人質問で加害少年は，「（法廷では）モンスターのような僕を見ている。生身の僕を見てもらいたい」と訴えた（朝日新聞　2007年9月21日付）。

　このような法廷における被害者遺族と加害者少年をみると，被害者遺族は血を吐くような苦しみが加害者少年に伝わらず，加害者少年はモンスターのような自分が浮かび上がり，生身の自分の思いが被害者遺族に分かってもらえないと，双方共あえいでいるようだ。そのため被害者遺族は，法廷で厳罰を訴えることでしか加害者少年に怒りや憎しみをぶつけることができない。結局，元少年は差し戻し控訴審判決で死刑とされ，2012（平成24）年2月に最高裁判所は被告人の上告を棄却して，死刑判決が確定した。

（2） 連続幼女誘拐殺人事件[注2]

　同様に，すでに三十数年前の事件になるが，宮崎勤による連続幼女誘拐殺人事件の判決理由をもとに，刑事裁判の場における人間理解に関して，芹沢は次のような論評をしている（朝日新聞　1997年4月15日付）。「法の言葉は犯罪解釈の一定の型に収斂していくのみで，時代精神や社会構

注1）光市母子殺害事件；1999年山口県光市で当時18歳の少年が主婦と幼女を殺害。一審，二審で無期懲役，最高裁で「死刑を選択するほかない」と二審を破棄し高裁に差し戻した。差し戻し控訴審で死刑判決が確定した。

注2）連続幼女誘拐殺人事件；1988年，1989年の幼女を対象とした宮崎勤による連続誘拐殺人事件。一審・控訴審・上告審で死刑判決を受け，2008年に死刑が執行された。

造との影響関係に踏み込んでいこうとする意欲をまったくといっていい
ほど欠いていた」「犯罪史的，存在論的な二つの仮説が交差する地点に
浮かび上がってくるものこそがこの事件の本質を告げるはずだ」と述べ
たうえで，「宮崎勤の一人の人間としての声を聞きたい」と結んでいる。
すなわち，刑事裁判の過程で宮崎勤という人間の実体が見失われてし
まったのではないか，と指摘しているのである。

（3）生身の人間の欠落

　光市母子殺害事件や連続幼女誘拐殺人事件の裁判で着目すべきは，一
連の司法手続の中でなぜ生身の人間が削ぎ落とされるのかということで
ある。
　刑事裁判は刑事訴訟法に基づいて，検察官が被告人の犯罪行為を非難
して刑罰を与えることを主張し，それに対して弁護人は冤罪の防止はも
とより行き過ぎた刑罰が科せられないように応戦する。そうした双方の
やり取りをもとに裁判官が有罪か無罪かを判断し，有罪であれば刑罰を
下す。いずれにしても刑事裁判の争点は，被告人の犯罪行為に焦点化し
て，有罪無罪と刑罰を決定することである。このような刑事裁判におけ
るいわゆる行為主義は，保安処分的（再犯を防止するために強制的な治
療や改善を目的とした司法の処分）な人権の侵害を防止するという法の
原則に沿うものである。
　そのために，犯罪行為をなした加害者の「人」としての総体，さまざ
まな他者との関係及びそれに伴う感情や意味づけなど，人間学的な「生
身の人間」が削ぎ落とされてしまうことになる。加害者を司法の俎上に
載せ，裁きの対象にするためには，加害者を法的部分に還元して「被告
人」にしなければならないからである。
　かように，刑事裁判では加害者の生身の人間を視野に入れることはし

ない。刑事裁判で裁判官，検察官，弁護人が見ているのは，法で構成された「被告人」としての一面に過ぎない。法曹三者が見ている諸部分を継ぎ足しても，総体としての「人」にはならない。つまり，刑事裁判の場における「被告人」は法によって切り取られた一部分であり，総体としての生身の加害者という「人」ではないのである。

6. 司法における「人」

（1）「人」のモノ化

　地方裁判所の刑事事件，民事事件に限らず，家庭裁判所の少年事件，家事事件においてさえも総体としての「人」が視野からはずれる。

　たとえば，筆者の家裁調査官時代の少年事件の経験では，供述調書や司法警察員，検察官の意見からイメージされる少年像と実際に向き合ってみる少年はかなり違っていた。犯罪事実をもとに描き出された非行少年と総体としての生身の少年のギャップである。

　少年事件でも，まず少年が罪を犯したことを法律の構成要件に従って証明できるかどうか明確にしなければならない。その過程において，少年の行為が犯罪や非行に関する事実に焦点化され，法的観点からの抽象化と単純化がなされる。その結果，犯罪や非行の行為をなした「少年」としての全体，いわば「生身の少年」が削ぎ落とされていく。少年を司法の俎上に載せるために，一旦，少年を「モノ」のように還元することによって裁きの対象とするのである。

　松浦（1992）は，法的枠組みにおいては，そこで取り上げられる対象が物体のメタファー（metaphor）によって，「モノ」化されてしまうことを指摘している。そのため，司法の場においては「人」の「モノ」化が起きてしまうのである。

　たとえば，家事事件で争われる対象が「人」に関する事件であって
も，司法ではモノのメタファー（比喩）によって「モノ」化されてしま
うことが特徴である。たとえば，子の親権に関する家事事件で，争いの
対象が子どもなど「人」に関することであっても，一旦法的な争いとな
るや，「人」でさえも「モノ」のように捉えられてしまうことになる。

　しばしば当事者が，「使い古した家具と妻はもういらない」「別居をし
て家財道具はすべて用意した。あと必要なのは子どもだけだ」などと述
べることがある。このように，当事者は所有の対象としての妻とか家財
道具と並列される子どもとして捉えているように，相手の人格を無視し
たり，子どもを奪い合いの対象として「モノ」化して争う。

　紛争の渦中にある当事者がそうしたメタファーで争っているかぎり，
相手や子どもを一個の人格をもつ存在として認識して解決が図られるに
はほど遠くなる。そればかりか，子どもをあたかも"モノのように"扱っ
て，実力行使による奪い合いの行動にまで紛争を激化させてしまうこと
になりかねない。

（2）生身の「人」を呼び起こすこと

　それゆえ，司法における臨床の作用として重要になることは，法の作
用によって不可避的に生じる「モノ」化のプロセスから，生身の「人」
を呼び起こすことだと言えよう。

　少年事件においては，法の作用によって「モノ」のように部分に還元
された少年を，臨床の作用を導入することでさまざまな関係性や状況の
中で「総体としての少年」として再生させ，更生に導いていく。同様
に，離婚などの夫婦の紛争や子どもの奪い合いなどの家事事件において
は，当事者双方がお互いの人格を尊重して話し合いを始めたり，子ども
を「モノ」のように奪い合う対象ではない，かけがえのない一人の子ど

もとして解決に至るのである。

　根深い問題のある少年が更生したり，何年も続いていた家族の紛争が解決したりするのは，優れた臨床的関与を伴い，法が適切に作用するときである。このことが，まさに法と臨床が限りなく交差することによって生成する司法臨床の本質である。司法臨床とは，法が本来備えている豊かな人間知を引き出し活性化させるために，臨床を導入するプロセスであるとも言えよう。このような，法による「モノ」化から「人」を復権させるための臨床的関与のプロセスが，まさに司法臨床によるアプローチの要点である。

おわりに

　刑事裁判への司法臨床のアプローチについてしばしば指摘されることが，刑事裁判は判決の場であって少年審判のように更生や教育を期する場ではないということである。そうだとしても，刑事裁判に臨床の知見を導入すること，さらに刑事裁判の司法過程を臨床的に応用し展開するという司法臨床のアプローチは，本章で述べたように，被害者への贖罪と加害者の更生を成し遂げるための端緒として位置づけることは可能である。その意味において司法臨床は，刑事裁判が裁くだけの場ではなく，裁かれる加害者，そして何よりも犯罪被害者に寄与するために重要なのである。

　本章の1-5は，廣井亮一（2017）司法臨床における被害者と加害者．指宿信編，犯罪被害者と刑事司法．シリーズ刑事司法を考える第4巻．岩波書店．p.234-236, 245-250を転載した。

引用・参考文献

青島多津子（2012）加害者と贖罪．廣井亮一編，加害者臨床．日本評論社．

廣井亮一（2017）司法臨床における被害者と加害者．指宿信編，犯罪被害者と刑事司法．シリーズ刑事司法を考える第4巻．岩波書店．

松浦好治（2006）司法の枠組み．廣井亮一編，司法臨床．現在のエスプリ472．至文堂．

野口裕二（2009）ナラティブ・アプローチの展望．野口裕二編，ナラティブ・アプローチ．勁草書房．

小田博志（2009）エスノグラフィーとナラティブ．野口裕二編，ナラティブ・アプローチ．勁草書房．

和田仁孝（2009）紛争をめぐるナラティブと権力性―司法へのナラティブ・アプローチ．野口裕二編，ナラティブ・アプローチ．勁草書房．

William, R.M., Stephen, R.（2002）Motivational Interviewing（2nd）The Guilford Press.（松島義博，後藤恵訳『動機づけ面接法』星和書店．2007．）

終章

15 | 司法と犯罪心理学・非行臨床の課題と展望—司法における「人」の復権

《目標＆ポイント》
・当事者主義的司法と治療的司法の司法観の違いを学ぶ。
・少年司法と非行臨床の課題について，問題解決型裁判所としての家庭裁判所をもとに考える。
・司法における「人」の復権の意味を理解する。
・非行少年と「悪」について学ぶ。
《キーワード》　当事者主義的司法，治療的司法，問題解決型裁判所，悪理学

はじめに─法の人間観の相対化

　法の人間観が想定していることは，人間とは自由意思を備え自己の行為を意識的に制御する主体的存在であり自己の責任を負う，ということである。その人間観に従って，人に意思・行為・責任の能力があれば，自由意思により当該行為を選択した責任が問われ，行為が法から逸脱した場合，罰が下される。これが司法の基本前提である。

　一方，心理臨床学，社会学などの人間諸科学の人間観には，「問題とされる対象が人間である場合，それらは精神内界的特質によってではなく，コミュニケーション行動によって定義される」という考え方がある（Watzlawick P, et al, 1967）。つまり，人は関係性で成り立つものだということである。小坂井（2018）は，「主体は一人称ではない。他者との関係に絡められた二人称の別名である」と端的に述べている。

　したがって，関係性による人間理解では，人がなした犯罪などの問題

行動は，その人を取り巻く，家族，友人，学校，職場，地域社会との関係性の歪みであると捉える。犯罪をした個人に原因を帰属させず，つまり誰をも悪者にせず，援助関係を築きながらその人の更生を成し遂げるという臨床の方向性に展開するのである。

こうした両者の人間観の違いについて，尾崎（2019）は，伝統的な法の人間観について，「現代急速に進歩している社会心理学，神経科学，行動経済学など人間諸科学は，そうした法における人間理解に大きな疑問を突き付けている」と指摘し，「人間の知的営為としての法が（まさにそうであるがゆえに）抱えてきた根源的問題の延長において理解し対処するための準備」の必要性を述べている。

法の世界においてそのような動向があるのであれば，それに従って司法・犯罪心理学の課題と展望を終章で取り上げる意義があろう。

1. 当事者主義的司法と治療的司法

表15-1は，当事者主義的司法と治療的司法を対比させたものである（指宿，2012 表の一部）。以下，表に従って両者の司法観を説明する。

（1）当事者主義的司法

自由意思をもつ主体的存在としての法の人間観を基本前提として展開される伝統的な司法が当事者主義的司法である。

国家の刑事罰権（検察側）と加害者の人権（弁護側）という対立的な関係図式で法的論戦を行う。検察官が被告人を弾劾して処罰を主張し，弁護人は検察官の主張と対峙して被告人の権利が保障されるように防御するという対立構造である。裁判官等（裁判員裁判の事件は裁判官と裁判員）は証拠に照らして法的基準に従って罪の認定と量刑を決定する。

216

表15-1　当事者主義的司法と治療的司法（指宿，2012　表の一部）

伝統的な当事者主義的司法観	治療法学における司法観
紛争解決	問題解決により紛争回避
法的結論を求める	治療的結果を求める
弾劾的訴訟	協調的訴訟
訴訟の強調	訴訟後や代替的処理の強調
法の解釈と適用を重視	科学の適用を重視
過去志向	未来志向
リーガリスティック	コモン・センス
形式主義	非形式主義
効率性重視	効果重視
コンプライアンスによる評価	改善や矯正による評価

罪の認定においては犯罪事実に焦点化し，犯罪という行為に対して行う。

　犯罪が立証されれば，その罪に対する応報として国家が加害者に対して刑務所などで刑罰を科す（刑の執行猶予，保護観察付執行猶予などもある）。法の俎上に載るのは主に過去の出来事としての犯罪事実であり，過去志向的である。これが，わが国のみならず刑事司法の基盤になっている伝統的な司法観である。

（2）治療的司法

　それに対して，1980年代にアメリカで提唱された治療法学に基づく新しい司法観が「治療的司法」（therapeutic justice）である。治療的司法とは，「当事者主義，弾劾主義型に基づく刑事手続に代替する新たな刑事司法の在り方への模索から生まれたモデルとその哲学であり，犯罪者の抱える問題や犯罪の背後に潜む問題について解決を提供することによって安心安全な社会を目指す，まったく新たな刑事司法の思想的潮流

である」（指宿，2012）。このように指宿が端的に述べているように，治療的司法とは刑事司法の拠って立つ当事者主義的司法の基盤の変革を求める斬新な試みである。

　被告人の更生など治療的な結果を目指して，司法と臨床が協働することを重視している。そのために，裁判官，検察官，弁護人，カウンセラー，精神科医，ソーシャルワーカーなどがチームを組んで回復支援的アプローチを行う（Maryka, O. ／指宿，2007）。被告人が生まれてから犯罪に至るまでの発生要因を捉え，それをいかにしたら解決できるかという未来志向的である。

　アメリカ，カナダ，オーストラリアなどの諸外国においては，ドラッグコート，メンタルヘルスコート，DVコートなど特定の犯罪に特化した「問題解決型裁判所（problem solving court）」として実践されている。

　オーストラリア・ビクトリア州のDHS（Department of Human Services）では，知的障害のある犯罪者をジャスティス・クライエント（Justice Client）と称して，司法と福祉・臨床が協働して彼らを援助するシステムを作り上げている。DHSのケース・マネジャーが，ジャスティス・クライエントの逮捕，公判段階，判決前調査など，各段階に関わる諸機関の連絡と調整など，継続的なサポートを実施している（水藤，2008）。つまり，司法と福祉・臨床が協働するためのコーディネーターの役割を果たしているのである。

　ところが，わが国における治療的司法の現状は，「未だに裁判所自身に変革の意識が見えず，平成に二度の刑事司法制度改革が行われたが，治療的司法的なアプローチをほとんど考慮することなく終わっている」，「治療的司法の世界的普及をみると日本の刑事司法関係者や法律家の意識は多いに遅れている」（指宿，2016）のである。

2. 少年司法と非行臨床の課題

（1）問題解決型裁判所としての家庭裁判所

　上記のような2つの司法観の中間に位置づけられるのがわが国の家庭裁判所である。すでに述べたように，家庭裁判所は1949（昭和24）年に創設された，少年非行や家庭紛争の解決に特化した裁判所である。司法機関である家庭裁判所で，法による規範的解決に留まらず臨床による実体的解決を目指したのである。

　その目的のために，少年事件と家事事件の一連の手続に心理学，社会学，社会福祉学，教育学などの人間諸科学の専門家としての家庭裁判所調査官を家庭裁判所の主要なスタッフとして位置づけて臨床的性格を付与した。非行や離婚，虐待など子どもと家族の問題解決のためには，法的機能と臨床的機能の協働を必要とするからである。わが国の家庭裁判所は司法に臨床の知見を導入しているという意味において，問題解決型裁判所の素地を有しているのである。

（2）少年司法の構造

　そうした理念を有する家庭裁判所を中核として展開する少年司法と非行臨床の課題について述べる。

　少年司法を規定する少年法は，年齢差に基づく刑法の特別法として位置づけられている。刑事司法の基本的な目的は犯罪に対する国家の刑罰権の行使であり，その司法観の基本は応報的刑罰である。

　すると少年司法システムは，応報を基調とする刑事司法システムの土台に建てられた，少年の更生と健全育成のための構築物に喩えることができる。少年司法における非行臨床はそうしたシステムで行われる臨床的関与であると言える（図15-1）。このことが非行臨床の最も大きな特

少年司法システム

図15-1　少年司法における非行臨床 (廣井, 2011a)

徴であり，克服すべきさまざまな課題を内包している。

（3）少年司法と非行臨床の課題

　以下，少年司法の構造的課題について，①非行少年と少年司法，②家庭裁判所における処遇選択，③処遇の場としての少年院，④少年の刑事裁判，の少年司法の各ステージでどのような問題があるのか指摘する（廣井, 2016）。

①　非行少年と少年司法

　非行少年に対する初期介入では国家の警察権が発動される。14歳以上の犯罪少年に対しては，成人と同じ法律が適用され，警察や検察による捜査段階では成人の場合と同じ刑事訴訟法が適用され，逃亡や証拠隠滅を防ぐために逮捕され，10日間から最大20日間勾留（警察の留置場や拘置所などに収容されること）されることがある。少年といえども手錠をかけられ腰縄をつけられる。

　送致後は家庭裁判所と少年との間に「裁く者と裁かれる者」という法的支配関係が形成される。少年司法と非行少年にはこのような関係性が前提となる。

② 家庭裁判所における処遇選択

家庭裁判所においては，当該少年事件の非行事実と少年の要保護性（・少年が将来再び非行を行う危険性，・保護処分によって再び非行を行う危険性を除去できること，・少年の処遇にとって保護処分が最も有効で適切な手段であること）が処遇選択の基準となる。非行事実は法的事案として裁判官によって評価され，要保護性は主に家裁調査官の調査によって判断される。

ところが，刑事司法を土台にした少年司法においては，ともすれば，さまざまな非行に対応した臨床的枠組みに基づく非行治療のための処遇選択となり得ず，法的枠組みに従った処分のふるい分けに陥ってしまいかねない。その結果，前野（1997）が指摘するように，非行事実の軽重が，在宅処分か収容処分かの判断に結びつきやすくなる。

③ 処遇の場としての少年院

団藤・森田（2001）は，「少年院は，収容のための収容ではなく，非行少年の教育を実現するための手段方法であるが，目的はそうであっても，実際においては，少年は司法に関する国権の作用としての強制力で社会から隔離され自由を奪われ拘禁されていることは否めない」ことを指摘している。そのため，少年院の入所は犯罪行為に内包する有責性や可罰性に対する懲罰や隔離の意味合いが込められてしまうおそれがある。たとえば，逃走防止のための施錠や規則違反に対する懲罰などは，犯罪者を収容する刑務所に類似している。

④ 少年の刑事裁判

犯罪少年は，家庭裁判所で刑事裁判を受けることが相当であると判断された場合には，検察官に送致される。刑法で死刑，懲役，禁固に当たる刑が定められている事件が対象となる。犯行時16歳以上の少年が故意に被害者を死亡させた場合は，原則として検察官送致される。少年の

刑事裁判の手続は成人と同様に刑事訴訟法に基づいて公開の法廷で行われる。

　しかし，少年法第1条の後段で，「少年の刑事事件について特別の措置を講ずることを目的とする」と明記されているように，少年の健全育成という少年法の理念・目的は，少年の刑事手続にも及ぶ通則規定である。したがって少年の刑事裁判においては，少年の犯罪の事実認定や量刑の決定に留まらず，刑事罰をどのように少年の更生に展開できるのかという非行臨床としての極めて困難な課題が問われることになる。

（4）家庭裁判所の現状

　以上のように，少年司法システムにおける刑事司法的側面をあえて強調したのは，非行臨床とはこのような特異な構造で展開される臨床的関与だということを認識したうえで，非行少年に対するアプローチの方法を検討しなければ，「少年の更生のため」というレトリックで罰的関与に陥ってしまうおそれがあるからである。

　家庭裁判所の非行臨床の歴史経緯を振り返ると，司法とかけ離れた臨床的関与に終始したり，その後現在に至るまで，司法としての法的側面が強調され，臨床的側面は従的または補充的に据え置かれ，そして現状は臨床的機能の低下が著しいように思われる。

　特に，2000（平成12）年の改正少年法では，刑事処分適用の拡大・強化，非行事実認定の適正化，被害者への配慮，の3点を柱とし，施行後の見直しを経て2007（平成19）年には刑罰対象年齢を低年齢に拡大させた。さらに，2012（平成24）年の亀岡無免許運転事故死事件や大津いじめ事件などで加害児／者に対する被害者感情の悪化を招き，少年非行に対する処罰感情，厳罰傾向をさらに強めているのが現状である。

3. 司法・犯罪心理学の展開のために

（1）法律家と臨床家が共通の目標に向かって協働すること

　裁判官など法律家と臨床心理士・公認心理師など臨床家が協働するためには，目的を共有しなければならない。たとえば，法による応報は国家が被害者に代わって加害者に刑罰を与えるためであれば，臨床的関与によって被害者に対する真の謝罪の意識＝贖罪（第14章参照）を引き出すという目的で共有できる。

　同様に，法的作用として刑罰によって犯罪の抑止を目的にするのであれば，臨床によるケアによって加害者を更生させることは取りも直さず再犯防止につながる。まさに，法と臨床の共通の目的になる。

　さらに，昨今のストーカー問題に端的に示されるように，法的機能だけでも臨床的機能だけでもその問題は解決できない。特に凶悪なストーカーに対しては，法による行動の阻止と同時に臨床の介入が必要になる（第12章参照）。これは現状の司法的関与と臨床的関与の分業では成し得ず，法と臨床の協働＝司法臨床を実現しなければならない。

（2）法律家も臨床家もお互いをよく知ること

　日本の法曹家を養成している司法研修所では心理学等の人間関係諸科学を修得する科目はない。同様に，臨床心理士養成の大学院でも法律の基礎を修得する科目は設定されていない。それぞれがお互いのことを何も知らないままだといって過言ではない。

　犯罪，非行，虐待，離婚，など法と臨床に絡む問題の解決のためには，裁判官などの法律家は人間関係諸科学の基礎を修得して，臨床心理士・公認心理師などの心理臨床家は法律の基礎を修得して，それぞれが果たす機能を十分に理解しなければならない。単に，法律の専門家，臨

床の専門家で留まっていてはならないということである。

　既述のように，諸外国の問題解決型裁判所では，裁判官，検察官，弁護人，治療プロバイダー，矯正スタッフなどのそれぞれの専門家が，犯罪者の更生という共通の目標に向けてチームによるアプローチをしている。そのために，問題解決型裁判所の裁判官は依存症や家庭内暴力に関する教育も受けている。

　もともと法には「基本的人権」という重要な権利がある。臨床には「すべての人間を一人ひとり尊重する」という人間観がある。これは，法と臨床が限りなく交差する概念であり，「司法臨床」と「治療的司法」の要でもある。

（3）法の軸と臨床の軸による細分化

　特に，刑事裁判において治療的司法を展開するための最大の課題は，永年にわたって築かれた当事者主義的司法観の堅固な土台に，治療的司法観をどのように再構築するのかという原理的課題がある。この課題は制度に及ぶことであり一両日で成し遂げられることではないであろう。

　それでもその過渡期において，少年と家族の問題に特化したわが国の家庭裁判所のような機能を刑事裁判の一部に採用することはできないだろうか。医学においては，疾病，各部位に応じて細分化された基礎医学と臨床があるように，さまざまな非行，犯罪の罪種別の基礎的研究と改善のための方法を研究し実践を展開するのである。特に，再犯性が高い覚せい剤犯罪，性犯罪，ストーカー犯罪などに対応した問題解決型裁判の実現が望まれる。

　とはいえ，被害者の立場からすれば，加害者に対する憎しみや処罰感情が強いことは当然であり，治療的司法や司法臨床などの「加害者ケア」的な試みやその対応自体に拒絶反応を示す方も多いものと思われる。

　そうであれば，法的軸と臨床的軸によって，犯罪・非行の種別，特徴に応じた対応を進めていくことである。たとえば，殺人などの被害者の処罰感情が強い凶悪犯罪に対しては，法の軸を強調した従来型の刑事裁判による対応，薬物・クレプトマニアなどの依存症による犯罪は，臨床の軸を強調した治療的司法による対応，などである。

　私たちは今まで，犯罪者や非行少年をはじめとするさまざまな加害者や加害少年に対して，司法的もしくは司法を土台にした議論とアプローチに終始しており，臨床的アプローチ，さらには司法と臨床の交差領域に生成する「司法臨床的アプローチ」を実現しようとしなかったのではないだろうか。加害者臨床の課題はここに尽きるといっても過言ではない。

（4）加害者臨床の展開のために

　さらに，加害者臨床における課題を犯罪や非行の観点から指摘するとすれば，犯罪や非行が法によって生成する概念である以上，その加害行為に対して法による制裁，罰が下されることは避けることができないということである。

　加害者臨床において「罰」から逃れられないのであれば，「罰」が非行少年の指導や更生に有効な意味をもたらすのか，単なる制裁のための応報的な罰になってしまうかについての，臨床的観点からの検討と「罰」による更生・治療的展開など具体的なアプローチの方法を議論しなければならない。同様に家庭事件でも，児童・高齢者虐待やDVを阻止するための法的権力の介入と福祉・臨床ケアの方法，離婚問題や子どもの奪い合いで対立する当事者双方への関与の仕方，などは喫緊の課題である。

エピローグ　「悪」は排除されなければならないのか

（1）非行少年と「悪」

　家裁調査官として18年間，「ワル」と呼ばれる数千人の非行少年たちと向き合い，そして家庭裁判所を離れて20数年間の司法臨床の実践と研究を通して痛感していることは，社会の「悪」に対する潔癖なまでの嫌悪感であり，包容力のなさである。

　たしかに，犯罪は人と人との関係を破壊し，共同体としての社会の存続を危うくする「悪い行為」であるから，法は人の行為に規範を示すのである。しかし，近代法の理念は，「罪を憎んで人を憎まず」の通り，あくまでも「行為」に対するものであり，主体としての人間に含まれる「悪」を制限するものではない。しかし，今の社会の反応は，「非行を憎んで，非行少年を排除する」かのごとき様相をおびている。

　不登校については，登校できない子も登校できる子も同じクラスメートとして，いじめ問題についても，いじめっ子もいじめられっ子も同じように援助を必要とする子どもとして，それぞれ支援しなければならないという姿勢と体制をようやく社会と学校は獲得しつつある。学校に心理士を配置して，学校臨床に本格的に取り組み始めたことがその現れである。

　そのようにして社会は，子どもたちの「強い−弱い」，「明るい−暗い」という軸をようやく連続線として認め受け止めようとしている。それにもかかわらず，全く受け止めることができないのが，子どもたちの「善い−悪い」の軸である。むしろ逆に，この軸については「善い」と「悪い」を峻別し，「悪」を排除するだけの姿勢を強めているように思われる。

（2）悪理学

　動物行動学，生態学を基にしながらさまざまな観点から「善」と「悪」について考察したL. ワトソン（1966）は，善良なものが腐敗して邪悪なものに転じる契機を「悪理学の三原理」として次のように提示している。

①よいものは，場所を移されたり，周囲の文脈からはずされたり，本来の生息環境からどけられたりすると悪いものになりやすい。

②よいものは，それが少なすぎたり多すぎたりすると非常に悪いものになる。

③よいものは，お互いに適切な関係をもてなかったり，つきあいのレベルが貧困化したりすると，きわめて悪質なものになる。

　すなわち，「善」と「悪」は相対的なものであり，「善」は「悪」の反対物ではなく，両方ともが存在するフィールドの一部分であること，「善」が質的，量的，関係的にシステムとしてのバランスを崩したときに「悪」に転じることを述べているのである。

　人間の「善」と「悪」とは，「人と人との間」という倫理的な関係における相対的な概念である。「人と人との関係」によって成り立つ人間を，「善」と「悪」を包括する存在として捉えなければならない。

　悪理学からすれば，「悪」を排除し完全な「善」を求めようとすることは，総体としての人間という存在を認めず，より“邪悪な存在”を形成するという逆説を招くのである。

　数千人の非行少年たちとの司法臨床の実践から言えることは，彼らが更生するのは「悪」を排除することではなく，総体としての生身の少年に「悪」を適切に位置づけることなのである。そうすることで，彼らはようやく人と人との関係における「悪」の意味を知り，「悪い行為」を自らコントロールしながら社会の一員としての位置と役割を獲得してい

くことができるようになるのである。

引用・参考文献

団藤重光・森田宗一（2001）新版少年法．有斐閣．

廣井亮一（2011）ジャスティス・クライエントへの「司法臨床」の展開．廣井亮一他編，非行臨床の新潮流．金剛出版．

廣井亮一（2016）非行臨床の課題．犯罪心理学事典．722-723．日本犯罪心理学会編．

廣井亮一（2018）司法臨床の実践と治療的司法への展開．治療的司法研究会編，治療的司法の実践．329-348．第一法規．

指宿信（2012）治療的司法．廣井亮一編，加害者臨床．日本評論社．

指宿信（2016）治療と司法 − 世界に広がる治療的司法とその実践 − ．犯罪社会学研究．No.41, 114-119.

小坂井敏晶（2018）主体と責任—近代のブラック・ボックス．法律時報．VOL.90 NO.12. 6-13．日本評論社．

Lyall Watson（1966）Dark Nature : A Natural History of Evil. HarperCollins.（旦敬介訳．ダーク・ネイチャー—悪の博物誌．筑摩書房．2000.）

前野育三（1997）少年司法における事実認定．荒木伸治編，非行事実の認定．弘文堂．

水藤昌彦（2008）オーストラリア・ビクトリア州における知的障害のある犯罪加害者へのケース・マネージメント実践．国際社会福祉情報．32, 55-64.

Maryka Omatsu/指宿信・吉井匡訳（2007）トロントにおける問題解決型裁判所の概要—「治療的司法」概念に基づく取り組み．立命館法学．2007（4）199-212.

尾崎一郎（2018）現代法における「人間」の相対化：企画趣旨．法律時報．VOL.90 NO.12. 4-5．日本評論社．

Watzlawick, P., Beavin, J., Jackson, D.（1967）Pragmatics of Human Communications. New York. Norton.

索 引

●配列は五十音順

著者紹介

廣井　亮一（ひろい・りょういち）

1957 年	新潟県に生まれる
1981 年	新潟大学人文学部卒業
1981 年 – 1999 年	家庭裁判所調査官
1992 年	臨床心理士資格
1999 年	和歌山大学助教授
2005 年	学術博士（大阪市立大学）
2006 年	京都女子大学准教授
2008 年	立命館大学教授
現在	立命館大学総合心理学部教授
専攻	司法臨床学
主な著書	非行臨床の実践（共著，金剛出版，1998 年）
	日本の犯罪学（共著，東京大学出版会，1998 年）
	非行少年（単著，宝島新書，2001 年）
	司法臨床入門（単著，日本評論社，2004 年）
	家族支援論（共著，相川書房，2005 年）
	司法臨床の方法（単著，金剛出版，2007 年）
	子どもと家族の法と臨床（共編著，金剛出版，2010 年）
	非行臨床の新潮流（共編著，金剛出版，2011 年）
	カウンセラーのための法と臨床（単著，金子書房，2012 年）
	司法臨床入門（第2版）（単著，日本評論社，2012 年）
	加害者臨床（単編著，日本評論社，2012 年）
	法と心理学（共著，法律文化社，2013 年）
	家裁調査官が見た現代の非行と家族（単編著，創元社，2015 年）
	犯罪被害者と刑事司法（共著，岩波書店，2017 年）
	治療的司法の実践（共著，第一法規，2018 年）
	心理職・援助職のための法と臨床（共著，有斐閣，2019 年）

放送大学教材　1529480-1-2011（ラジオ）

司法・犯罪心理学

発　行　　2020 年 3 月 20 日　第 1 刷
　　　　　2021 年 1 月 20 日　第 2 刷
著　者　　廣井亮一
発行所　　一般財団法人　放送大学教育振興会
　　　　　〒 105-0001　東京都港区虎ノ門 1-14-1　郵政福祉琴平ビル
　　　　　電話　03（3502）2750

市販用は放送大学教材と同じ内容です。定価はカバーに表示してあります。
落丁本・乱丁本はお取り替えいたします。

Printed in Japan　ISBN978-4-595-32186-3　C1331